教育部、财政部"职业院校教师素质提高计划"—— 职教师资本科《秘书学》专业培养标准、培养方案、核心课程和特色教材开发项目（VTNE052）系列成果

职教师资本科秘书学专业丛书

丛书主编 / 王雯

秘书学专业教学法

Professional Teaching Method for Secretary Science

魏 娜 / 著

社会科学文献出版社
SOCIAL SCIENCES ACADEMIC PRESS (CHINA)

丛书总序

古人云："国之废兴，在于政事；政事得失，由乎辅佐"，这充分体现了秘书职位的重要性。秘书专业是一门实践性、应用性很强的专业。做好秘书工作不仅需要扎实的理论知识，更需要丰富的实践经验和动手操作能力。为了使从业人员就业时能尽快适应秘书工作岗位，应以实践为导向、以能力为本位。

丛书包括三本教材：《办公室事务管理》《秘书学专业教学法》《会议组织与服务》。《办公室事务管理》教材编写突出课程实践性和开放性的特点，实现理论和实务的有机结合，既注重专业知识理论基础，又兼顾专业能力培养和实际工作指导；《秘书学专业教学法》聚焦教师向职教师资本科秘书学专业学生传授知识的方法，有助于提高学生专业能力、教师职业道德能力及实践操作能力，是研究秘书学教学过程及其规律的教材；《会议组织与服务》培养秘书学及相关专业学生的理论研究和实际操作、解决问题能力，注重理论与实践并重，通过理论实践一体化教学，让从业人员能办会、会办会、办好会。

丛书从"能力本位"观念出发，分析了秘书专业"能力本位"对秘书从业人员的要求，秘书职业"能力本位"包括诚实守信的处世态度，任劳任怨、认真负责的工作作风，责任感，敬业精神，团队意识，品德修为，性格修养，仪表气度等。丛书具有如下特点，一是系统设计框架，丛书涵盖了秘书从业人员面临的办事、办会基础议题，内容之间紧密衔接。二是以实践为导向，秘书工作必须重视实践环节，促使学习者把所学理论知识迅速转化为实际能力，在工作过程中加深对知识的理解和运用。在丛书中，涉及秘书专业的内容均以秘书实践为导向，聚焦为从业人员解决实践中的问题。三是以培养从业者职业能力为终极目标。职业能力包括了职业技术能力和职业关键能力两部分，涵盖了技术技能、理论知识、职业素质等从业需要的全部能力。本丛书将职业技术能力的培养与职业关键能力的培养紧密结合，旨在使学生既提升做事的能力，又学会做人的本领；既有迅速上岗的能力，又有职业可持续发展能力。

作为职教师资本科秘书学专业核心教材，本丛书是教育部、财政部"职业院校教师素质提高计划"——"职教师资本科《秘书学》专业培养标准、培养方案、核心课程和特色教材开发项目"的研究成果。丛书对于进一步完善秘书学人才培养培训体系，推动秘书工作的科学化、规范化发展具有基础性和创新性价值。这一系统成果，既是开展从业人员培训的专门教材，也是在职自学的重要读物，同时也将为秘书管理部门加强和改进管理工作提供有益借鉴。希望各管理部门、从业人员和培训机构能够充分利用好这些成果及资源。

前　言

《秘书学专业教学法》是教育部、财政部职业院校教师素质提高计划职教师资本科秘书学专业项目组开发的专业教学法图书。

本书以秘书学专业学生就业需要为导向，以提高秘书学专业教学质量和教师教学水平为宗旨，在深入调查、了解现状、把握需求的基础上，根据项目组研制的《职业学校职教师资本科秘书学专业教师教学能力标准》和《职业学校职教师资本科秘书学专业教师培养方案》，配合《办公室事务管理》《会议组织与服务》等图书的开发，经多方调研，反复论证，多次修订，精心编撰而成。

"秘书学专业教学法"是教师向职教师资本科秘书学专业学生传授知识方法的，有助于提高学生专业水平、构建学生心理结构、增强教师职业道德能力和操作能力，以及研究秘书学教学过程及其规律的一门课程。按照教材的分类，《秘书学专业教学法》属于建构型，即教师通过教材中所列举并分析的教学法，在教学中反映相关内容的操作过程，使学生掌握一定的技能和方法。

本书分为两部分，第一部分是理论与背景分析，旨在让学生构建一种教学理论—教学设计—教学过程—教学评价的知识框架，作为一种背景因素不可或缺，掌握这些理论有利于学生掌握教学法的使用过程；第二部分是教学方法应用分析，共九个教学方法，内容均包括方法介绍、教学内容适配性分析、教学设计与案例分析，以及对此教学方法应用的思考。

　　本书将教育心理学、教育学、社会学、信息技术等学科综合运用在秘书学专业教学中，在教学大纲、专业知识及专业课程标准的基础上，以培养应用型人才为目的、能力培养为目标，根据应用的重要程度来取舍内容，并面向实际，强化操作技能。本书主要研究秘书学专业教学的一般规律及特殊方法，并对秘书学专业教师进行切实的教学技能训练，使他们能凭借自己已有的知识和能力，提高职业素养，把理论用于具体的教学实践，使他们掌握先进的、能充分调动学生积极性和能动性的教学理念及行为方式，进而指导秘书学教学实践，使之符合秘书学专业学生的心理特征，达到教与学的最佳效果。

目　录

第一部分　理论与背景分析

第二部分　教学方法应用分析

第一部分
理论与背景分析

第一章
秘书职业与秘书学专业分析

第一节　秘书职业分析

一　秘书含义

"秘书"最初是指物，西汉时指藏在皇室宫殿里的古典书籍；东汉时则指用隐语预卜吉凶或对未来作出预言的谶纬、图箓之书，如《汉书·叙传》等。到了东汉桓帝时，"秘书"一词才开始用来作为掌管图书史籍的官员的职务名称。这时"秘书"一词的含义有了变化，由原先指物变为指人，但所指的人掌管的仅仅是朝廷的图书典籍而已。东汉末年，魏王曹操设秘书令，由秘书令取代了尚书的职权，使秘书令不但掌管了"图书秘记之事"，还掌管了草拟奏章、发布政令之事。这是我国历史上第一次出现的与现代"秘书"一词含义基本相同的古代秘书官职，可以说，曹操所设的秘书令，是最接近现代秘书含义的古代秘书官职。自此，各朝各代均设置了秘书省、秘书监等机构，一直到近代时期，"秘书"才具备了现代秘书的含义。

"秘书"是什么？由于文化和国情有别，以及各国秘书工作的发展进程存在差异，到目前为止，全球还没有形成"秘书"统一公认的定义。在我国，随着秘书职能发生演变，单一的公务秘书体系向多元化的社会职业转变，众说纷纭，难以得出明确的结论。尽管如此，还是可以通过若干有代表性的观点来把握"秘书"的基本内涵。

国际职业秘书协会（PIS）认为"秘书应该是主管人员的特别助理，其应该具备在办公室工作的各项技能，能够独立工作且表现出责任感，在实际行动中显现主动性和良好的判断力，并在授权范围内自主做出决定"。成都大学常崇宜教授认为"秘书是从事信息性、事务性、技术性工作的工作人员，可以为领导决策和管理提供密切、全面的辅助与支持"。安徽师范大学杨树森教授认为"秘书是直接为领导、主管或用人单位提供辅助管理和综合服务的工作人员，主要从事的是脑力劳动"。国家劳动和社会保障部《秘书国家职业标准》规定，秘书是"在办事机构开展程序性工作，协助上级处理政务和日常事务，为决策和执行提供服务的人员"。鉴于相关国家部门的职能性和权威性，在目前的秘书职业教育中，将《秘书国家职业标准》中的释义作为秘书的定义是适当的。

秘书和秘书学是同一事物的不同（或相似）术语，前者适用于规范性场合，而后者是习惯性的称谓，一般情况下，两者是可以互换的。例如秘书工作等同于秘书学工作，秘书人员也可以被称为秘书学人员，等等。然而，为了严格遵守科学和规范性原则，"秘书"一词的使用有一定的限制，只能用于职业、学科、职能、高等教育专业目录等具体特定名称中，以及下定义和进行分类时。特别需要注意的是，当"秘书"的指称对象为人时，既可以指集体，也可以指个人，例如秘书队伍或者总经理秘书等，它是一个非集合概念和可数名词。"秘书学"则是一个集合概念，属于不可数名词，只能指某些群体如秘书学专业教师等，而不能指某一个人。

二　秘书工作的基本特征

秘书工作是一种服务性工作，有其自身的规范、规律和特点。而关于秘书工作的基本特征这个问题，秘书学界的学者们认识也并不一致。有人认为秘书工作的特征应是它的辅助性，有人认为是它的政治性，还有人认为是它的从属性，等等。所以必须要对秘书工作基本特征进行科学理性的抽象与概括，使秘书工作者全面地掌握其本质属性。

1. 辅助性

从国家劳动和社会保障部提出的秘书的定义来看，秘书工作主要是协助上司、提供服务等，其定义中秘书的辅助性特征十分明显。首先，从秘书活动的产生和发展角度来看，领导部门需要有人辅助他们处理日常事务、提供参谋咨询和上传下达，因此秘书工作应运而生，所以说辅助性是秘书工作的天然属性。其次，从秘书工作的地位和机构性质分析，秘书机构与秘书人员为领导机构作出决策和各职能部门执行决议提供服务，具备着承上启下、联系左右的中介功能，并且秘书机构的从属地位也印证了秘书活动的辅助性。最后，从秘书工作的内容与作用来看，秘书工作主要发挥参谋和助手的作用，集中表现在辅助决策和处理事务上，一般履行的是补充职能。

2. 综合性

一定体制下管理者的活动被称为领导部门的决策与管理行为，要形成决策与管理行为的综合效应，必须包括四个环节：决策、执行、监督和信息反馈。秘书活动涉及领导工作的各个方面，在这四个主要环节上充分发挥全面的参谋和助手作用，就形成了秘书工作的全面性，即综合性，将秘书活动和其他活动区别开来。秘书部门又被称为综合办事机构，因为其他业务职能部门只承担某一方面的专业性工作，其活动具有明显的专一性和业务性；而秘书部门需要统筹全局，熟悉各职能部门工作内容，多方协调、沟通和处理各种问题，满足领导工作的需要。秘书工作涉及领导决策前的信息搜集，领导决策中的辅助决策，决策执行过程中的跟踪反馈、协调沟通等。一位优秀的秘书人员需要具备多学科知识和较高的综合能力，这也体现了秘书工作的综合性。

3. 服务性

秘书工作本质上是一种服务工作，并且是全方位的服务。党中央在1985年全国秘书长、办公厅主任座谈会上强调，秘书工作要为领导服务、为各地区和部门服务、为人民群众服务。秘书工作就是秘书角色在办文、办会、办事中各种行为的总和，绝不是单纯被动的服务工作，它具有鲜明的积极主动性。秘书服务是有思想、有主见的服务，只要需要，坚到底、横到边，高级领导、平民百姓都是服务对象。^① 新时期秘书职业化的进一步发展，出现了像私人秘书等多种秘书类型，更加凸显秘书的服务功能，强化了其参与决策服务、独立办事、组织会议、掌管事务、指导工作等职能。

4. 事务性

从接待来访、文件处理、会议组织、档案管理到承办领导交办事项、提供参谋咨询等都属于秘书活动的工作内容，即秘书工作都是以具体事务为载体开展的。秘书工作内容可谓面广量大、具体细碎，需要按照基本的工作职能和领导的要求进行，但是即使秘书部门将工作计划制订得很完美，也会因为一些突发事件的出现而影响整个部署，所以秘书人员要有充分的技巧和能力处理突发性、临时性事件。在《秘书实务》一书中，杨树森教授将"事务性工作"归到秘书实务中，同时指出其他政务性和业务性的工作中也包含大量具体事务，秘书人员主要通过办理各项具体事务来实现其参谋和助手的作用。

5. 机要性

针对秘书工作的具体内容而言，它是机要性很强的工作。从词的含义上来看，"机要"可以理解为"机密而重要"，"秘书"一词在汉语中有表示"秘密"的意思，从字面意思上可以反映秘书工作的机要性。秘书工作主要是辅助领导工作，领导在决策和管理活动中存在如人事、财务、科技、商务等方面的机密。秘书人员在领导身边近距离工作与服务，必然会接触到机密文件、信息和资料等，特别是重要部门领导人的秘书，因掌握更多的重要情况，其机要意识需要更强。

提高对上述秘书工作基本特征的认识，有利于秘书人员深刻理解其工作的本质属性，认清自身的职业地位和职业角色，进一步把握秘书工作的规律与基本要求，重点培养其职业能力和综合素质，树立正确的职业道德观，形

---

① 马守君：《秘书活动基本特征新探》，《陕西师范大学继续教育学报》2003 年第 1 期，第77~79 页。

成绩密踏实和严守机密的工作作风，从而成为领导的得力助手和参谋，有针对性地做好秘书工作。

三　秘书工作的基本职能

秘书工作的基本职能是对秘书机构、秘书活动范围与职位基本权责的粗线条描绘，勾勒出了秘书职能的大体轮廓，对秘书工作具有宏观的指导价值。

秘书职能在不同领域、层级和分工条件下各有侧重，总体来看，秘书工作的基本职能可以概括为"书、办、谋、管"，为领导或雇主提供综合辅助服务，具体包括以下六方面。

1. 处理事务

事务性是秘书工作的基本特征之一，处理事务便成为秘书工作中主要的基础性职能。秘书人员涉及的工作任务范围最广、内容最琐碎，主要包括：处理日常事务，诸如来访接待、拟写与修改文书、收发文与档案管理、考勤管理、管控办公环境和物资等；协助领导或雇主落实和实施工作事务，如安排日程、重要事项的事前提醒与确认等；辅助决策与管理各项事务，如组织会议、传递决策意图以及反馈结果等。

2. 办理文书

文书是具有法定权威效力和规范体式的书面文字材料的统称。秘书工作的主要构成和职能是办理文书，其任务主要是：拟写与修改文书、收发文与档案管理等。

3. 信息服务

各级各类组织领导的决策以及知识财富的创新都紧密依靠信息的收集与整合，信息服务水平高低直接体现秘书参谋辅助水平，秘书通过收集、整合、存储、输出信息为领导决策提供可靠依据。此外，网站运转与维护、信息发布和保密管理等已成为现代秘书工作的重要内容之一。

4. 沟通协调

领导或雇主要使所属范围内外矛盾尽量缩小，就必须运用综合协调的艺术，这也使得协助领导开展沟通协调工作成为秘书工作的重要职能。协调存在于全部秘书工作中，可以分为内外两个方面，在工作和人际上主要包括协调领导和领导之间、领导和同事之间、本单位各部门之间以及本单位与外单位之间的各种关系。同时，秘书还需要掌握接待来访、处理突发性事件、公关等工作技能。

5. 检查督办

检查督办是保证决策与管理意图全面落实的必要手段与重要职能。对日常工作运转情况的检查、对决策与管理措施落实情况的跟踪与督办、对存在问题或事实真相的调查与反馈等，都属于这一职能范畴。

6. 参谋咨询

参谋咨询是为领导有效进行决策与管理提供辅助的一种秘书职能活动，属于较高层次的职能。参谋和咨询强调主动性、创造性，比如针对具体事务提前开展调查研究、提供决策预案、向领导提供咨询服务。

上述秘书工作的基本职能，对应了初级秘书、中级秘书、高级秘书三层级秘书的主要职责。初级秘书（文员）可以独立承担或在得到指导的条件下完成"办文""办会""办事"中的多数工作任务；中、高级秘书则履行其他较复杂职能，同时初级秘书可在其能力范围内参与和分担这些任务。

四　秘书从业人员分析

秘书学专业从业人员是企事业单位健康发展的重要保障，优秀的秘书人员是各大企事业单位急缺的人才。目前国内拥有秘书从业人员约 3000 万人，初级及中级秘书人员占到了绝大部分，高级秘书人员相对紧缺，这种人员结构不能满足高速发展的社会经济的要求。

秘书学专业从业人员的职业资格管理不够规范，国内目前仅对秘书资格进行了资格等级认证。按照 1998 年 3 月劳动部颁发的《秘书职业资格鉴定试点工作方案》，从知识、技能、资历等方面可以把秘书分为初级、中级和高级三个层次。而当前市场上根据秘书承担的工作内容和职责把秘书学专业的应届生分成高级和初级两个层次。高级秘书人才有时也被称作复合型秘书人才或多功能秘书人才，他们的特点是多才多艺，能在很多领域中大显身手。而市场上用人单位对初级秘书人才的实际操作能力和服务意识要求较高，对智能化要求相对较低，初级秘书人才主要从事打字、收发、接待、公关等日常事务的处理，是一般的文职人员。

行政主管是秘书人员未来的主要职业发展方向。秘书人员因工作接触到单位业务的各个方面，在职业转换，特别是单位内部换岗晋升方面具有很好的优势，换岗晋升的可能是行政主管、经理助理、人力资源经理、部门经理、秘书（初级、中级、高级）、市场部主管、公关部主管、财务管理人员、高级主管等。随着企事业单位用人机制改革的深化，秘书从业人员在一个单位的一个岗位上长久工作的可能性越来越小，升迁或转职机会多，一般在3~5年后会得到晋级的机会。

根据调查访问得知，目前的秘书从业人员中将近80%的人员是女性，男性占比仅20%。然而在初、中级秘书中女性群体占绝大多数，而高级秘书则多数为男性。秘书从业人员的从业年限普遍较短，人才的流动性较大。从事秘书工作5年以上的人员数量较少，大部分从业人员对秘书工作的理解、认识不深，认为秘书工作的前途不大。根据调查访问得知，秘书从业人员的工资普遍较低，这也是秘书人员从业年限较短、人员的流动性较大的原因。

第二节　秘书学专业发展现状

一　我国职业教育秘书学专业学校规模

秘书学专业在职业学校中居于比较重要的位置，我国的职业学校秘书学教育兴起于20世纪80年代，兴盛于90年代。20世纪末，全国开设该专业的职业学校超过2000所。截至2019年，全国开设秘书学专业的本科院校共有136所，大致类型如下：传统的师范大学，综合性大学，以工科、农商为优势的大学，以文科、传播学为优势专业的大学，由专科转为本科的地方性大学，独立学院等。① 2020 年全国共有 239 个职业院校开设了秘书学专业，但在 2020 年撤销备案专业数中，秘书学排到第三位，有 31 所学校撤销了该专业。② 由于国家层面上对秘书学专业的撤销，开设秘书学专业的院校逐年减少。

二 我国职业教育秘书学专业的历史发展

我国职业教育秘书学教育，兴起于 20 世纪 80 年代。随着经济体制的改革、市场经济成分的扩大，各种类型的社会组织急需大量秘书学人员，秘书求职一度相当乐观，需求的旺盛带动了秘书学专业的教育热潮，秘书学教育就是在这种情况下迅速发展起来的。20 世纪 90 年代，是秘书学教育的兴盛期，全国开办秘书学专业教育的学校逐年递增，达到 2000 余所，年均招生规模达 15 万人左右，毕业生就业状况良好。

进入 21 世纪，特别是 2000~2004 年，我国职业教育出现大滑坡局面，秘书学专业自难幸免。2005 年以来，由于党和政府高度重视教育，从多方面给予支持扶助，全国教育逐年升温，局面大为改观，然而秘书学专业却难见昔日风光。这主要表现在以下几个方面。

一是开办秘书学专业的学校锐减，办学规模缩水，出现生源危机。全国开设秘书学专业的学校日渐减少，并且年招生人数一直在下降，迄今仍有下滑趋势。这其中固然有学校调整整合的因素，然而更多是受专业不景气的影响。

二是学生毕业后就业困难，难以与所学专业对口。多数毕业生毕业时未能直接走上秘书学岗位，不少学生毕业后即待业。

三是教学设备与实训条件严重缺乏，技能培训难以开展。据调查了解，除部分国家级示范性重点学校的教学设备较为齐备、良好，有配套的实训条

① 吴诗仪：《秘书学专业教育统计报告》，参考网，https://www.fx361.com/page/2020/1020/7116232.shtml，最后访问时间：2022 年 4 月 14 日。
② 《教育部关于公布 2020 年高等职业教育专业设置备案和审批结果的通知》，《中华人民共和国教育部公报》2020 年第 4 期，第 28 页。

件外，多数学校设备不足，老化严重，校内无实训场所，校外无签约的固定实训基地。

除上述三方面外，师资不足，教学水平低；培养目标定位不明确，教学内容与实际需要脱节；学生基础差，有厌学情绪；经费紧张，办学困难等，都困扰着该专业的正常教学与专业发展。

出现上述问题的原因，一是高等教育扩招，各类型高校纷纷开办秘书学专业，既"吃掉"了职业学校的生源，又"抢占"了职业学校毕业生的出路，使秘书学专业陷于"进""出"两难的困境；二是各机关、企事业单位乃至私营业主在用人上有盲目追求高学历的倾向，动辄"非大专以上不录"，在全社会就业本不充分的大环境下，这必然对毕业生求职造成极大冲击；三是秘书学工作综合性较强而技术性相对较弱，加之我国秘书学职业还远远未达规范化程度，秘书学岗位往往被其他人员挤占，秘书学学生如无专项特长，就难以参与竞争；四是经费投入不足，秘书学专业建设滞后，难以营造良好的培养环境，致使毕业生缺乏岗位适应能力与竞争能力；五是社会上对不正之风现象过度渲染，导致部分家长对秘书职业产生误解。此外，从2008年下半年开始凸显的经济危机，也带来一定的负面影响。

据高职发展智库统计，2014年、2015年、2017年和2018年，文秘专业一直处于全国高职撤销数量前十位专业的首位。在2018年，教育部文秘教指委成为教育教指委下属的专业委员会，秘书职业教育也陷入扑朔迷离的境况。[①]

三　职业学校秘书学专业对应的就业岗位分析

职业学校秘书学专业岗位群分为"就业"岗位群和"职业"岗位群。"就业"岗位群虽然需求量大，比较容易就业，但比较欠缺稳定性且不具

---

① 肖云林：《"双高"时代：秘书高职教育的变与不变》，《秘书之友》2019年第8期，第4~6页。

备很强的职业性特征。"职业"岗位群则解决了秘书学专业毕业生就业的前途问题，也给予学生希望和追求的目标。职业学校秘书学专业的岗位群应该在确保解决学生的生存需要之后，为学生的自我实现创造条件、打下基础。

1. 职业学校秘书学专业对应的"就业"岗位群

在整个《中华人民共和国职业分类大典》体系中，秘书学专业的"就业"岗位群属于第三大类，是纯粹的事务人员。具体来说，国内中小私营企业需要的主要是内勤与文员之类的人才，国内大中型企业和涉外组织用人单位需要的主要是秘书、行政助理、公关助理等。因此，我国目前占据主体的秘书职位所需的职业技能是通用性技能，其可替代性较强、岗位人员流动性较大、职工工资相对不高（见表1-1）。

表1-1　职业学校秘书学专业对应"就业"岗位群

秘书岗位群	职位	特点	应具备的素质
五级秘书（文员）	前台接待、打字员、部门事务助理	技术含量低、薪金低、年轻人比例较高	细致、周到的思考习惯；一丝不苟的工作作风；办事条理清楚、记忆准确；忠心、诚实；掌握现代办公技术；有一定的公关能力并懂得一定的社交礼仪
四级秘书（文员或秘书）	中小公司经理秘书、经理助理	—	独立承担办公室工作；有一定的办文办会能力；熟知公文制发流程；具有相当的外语水平；具备计算机应用能力、独立行文能力和沟通技巧

注：目前职业学校秘书学专业学生对应的秘书资格是五级秘书和四级秘书。秘书学专业毕业生对应岗位，即内勤和文员岗位（初级秘书），由于只需要简单的事务处理和文字录入操作，中专及以上文化水平非秘书学专业的学生也可以胜任，所以竞争相对激烈。

2. 职业学校秘书学专业"职业"岗位群

从职业生涯的发展来看，秘书学专业在与行业、企业以及职业对接时，还必须考虑学生未来的目标，瞄准与专业相关的"职业"岗位群。我们认为，在《中华人民共和国职业分类大典》体系中的第一大类企业经理、企业职能部门经理或主管以及其他企业负责人（包括某些被企业赋予管理权限的中层），第二大类中的人力资源开发与管理人员、企业培训师、项目管理师、企业信息管理师、商务策划师、会展策划师、企业文化师、品牌管理师等职业和岗位，都应该纳入秘书学专业的"职业"岗位群（见表1-2、表1-3、表1-4）。

表1-2　职业学校秘书学专业毕业生发展线路

类别	升级岗位群
行政类秘书学	行政管理、办公室主任等
助理类秘书学	总经理秘书、总经理特别助理等
人事类秘书学	人力资源主管
公关类秘书学	公关经理、客户经理等
业务类秘书学	商务主管、业务经理等

表1-3　职业学校秘书学专业毕业生升级岗位群——三级秘书

类别	职业	就职单位类型	职责
行政类秘书	行政主管、办公室主任、综合事务管理部主任	政府部门、大型企业	公司工作计划的制订、组织实施及日常工作的管理；负责办公室行政管理制度建设；负责公司行政事务的管理，负责重点工作的督办、检查、落实反馈；负责公司对外联络、协调工作以及参与制订并实施公司的各项规章制度
助理类秘书	私人秘书、总经理助理	大型企业	协助总经理进行日常工作安排；日常内外事务联系；组织协调各部门之间的工作；负责总经理日常事务的办公支持、纵横沟通及相关资料的管理和简单翻译工作
人事类秘书	人力资源主管	大型企业	参与编制和落实人力资源战略；参与设计、整合符合公司发展的组织规划和结构；参与公司招聘战略并实施；参与整合、设计、实施薪资体系；组织培训和设计人员发展计划；参加整体设计绩效管理体系的制订，参与推进企业价值观和企业文化；管理公司员工关系

续表

类别	职业	就职单位类型	职责
公关类秘书	公关经理	大型企业	依据公司相关规定、协助公关部总经理拟定具体公关管理实施细则;对公司相关资料如录音、视频、文件等进行整理及归档;建立和维护公共关系数据库;协助策划公关活动并进行资料收集;协助公关部总经理处理与各部门的沟通和合作事宜
业务类秘书	商务主管、业务经理	大型企业	各业务群组的商务动作管理工作,收集并汇总客户、产品、销售利润等信息;制订、协调产品供货计划;解决客户投诉;收集相关的行业市场信息,提出市场销售方案;带领部门成员达成业绩要求等

表1-4 职业学校秘书学专业升级岗位群——二级秘书

类别	职责	就职单位
商务秘书	协助上司处理商业事务	国内大型企业、外企、三资企业以及合资企业
行政秘书	文书、合同处理,接待,会务	
公司秘书	协调关系、处理高层事务	

3. 职业学校秘书学专业教师现状

据对10省市17所职业学校114名秘书学专业教师进行的问卷调查,以及对12省市74名秘书学专业教师进行的深度问卷和访谈调研的结果来看,职业学校秘书学专业师资的现状和总体水平堪忧。

首先,非秘书学专业毕业的教师居多。调查结果显示,现有秘书学专业教师中,大学阶段所学为秘书学专业的教师仅占10.8%;中文专业(汉语言文学、新闻)占39.2%;其他专业(如教育管理、思想政治、旅游管理、财经贸易、法律、生物、化学、外语、体育等)占50.0%。这表明,由于存在教师本校转岗或专业不对口的普遍现象,现有秘书学教师中的大多数并没有接受过系统的秘书学专业教育,缺少职业教育教学能力。

其次,青年教师居多。调查结果显示,现有秘书学专业教师中,31～40岁的教师占53%,30岁及以下的教师约占30%,40岁及以下的教师占比已经达到83%，年龄结构不合理。在职业学校中，无职称和初级职称教师占总数的40%以上，具有高级职称的教师仅占15%左右，可见职称结构比例也不合理。[①]

再次，教师来源结构类型单一，秘书学工作实践经历少。调查结果显示，现有秘书学教师中，由学校毕业直接任教的占83.3%，都是从学校直接走入学校；由机关及企事业单位调入的仅占16.7%，大多数教师没有（或缺乏）秘书学工作一线岗位的实践经历，对秘书行业资格标准把握不够精准。

最后，取得秘书学专业职业资格证书的教师少。从调查结果来看，取得国家秘书职业资格证书的比例为34.5%，获证人数的比例明显偏低。

从上述调研分析的结果可以看出，全国职业学校秘书学专业教师队伍已呈现出"三多二少"的态势，即秘书学教师的数量多，非秘书学专业毕业的教师多，青年教师多；有秘书学工作实践经历的教师少，取得本专业职业资格证书的教师少。

第三节　秘书学专业展望

一　秘书工作本身发展趋势

在科技进步、体制变革的背景下，专业领域的拓展与深化、信息技术及网络的日趋成熟等因素对秘书工作形成了强力冲击，对秘书任职资格也提出了新要求，呈现诸多方面前所未有的新趋势。以下着重讨论三点。

1. 秘书工作手段智能化、平台现代化

工作手段的智能化体现在办公自动化上，即秘书人员可以脱离固化的传统办公环境和手段，使用现代化办公设备，具备网络技术基础知识和智能化

---

① 教育部、财政部职业院校教师素质提高计划职教师资《秘书学》专业开发项目组：《教育部、财政部职业院校教师素质提高计划职教师资〈秘书学〉专业开发项目调研报告》，2014年12月。

办公设备操作能力。例如利用符合规范的各种电子文档、电子印章、多功能一体机、IPAD 或者手机进行移动电子办公，做到高效便捷地处理信息，提升工作效率。

在"互联网+"背景下，特别是人工智能的出现为秘书业态带来了全新变化，企业关注的重点趋向于大数据生产、云平台、云计算等新兴技术的运用，他们需要的是能够掌握和熟练操作新兴技术开展工作的秘书人员，如开启电子设备进行会议服务、掌握 SAP 技能等。在互联网独有的时代特征下，秘书工作具有互联网思维，任何环节都围绕服务对象展开工作，关注服务对象体验，提升服务对象满意程度。[1] 许多企业还借助电商平台搭建了属于自己的网络平台进行网络营销，既扩大了销售渠道，更好地推介产品，同时促进了企业的发展。[2]

2. 秘书工作专业化、服务领域多元化

随着时代的发展，各行业不断提高对秘书人员的要求，重点关注秘书在各自专业领域为领导或雇主提供的服务质量。为了使自身满足社会经济发展需求、实现管理工作科学化、提高从业素质水平，持有职业资格证书是任职的基础，秘书人员还必须结合其从业领域的工作实践，努力使自己成为某一特定领域的专业人才。在经过专门培养、训练后，秘书的专业性逐渐得到全社会的认可。

随着我国政治体制的改革、社会主义市场经济的发展以及行业细分程度的提高，秘书工作的分工也更加细密，产生了多样化的秘书类型，如公务秘书、商务秘书、教学秘书、法律秘书、医务秘书等，形成了一支庞大的职业大军。各个行业的秘书人员在工作职能上既相互联系又存在领域差异，为领导或雇主提供全方位的专业服务；同一行业的秘书也可根据职责、工资水平等因素划分为不同等级，各司其职，这表明秘书工作服务领域逐渐多元化。

---

[1] 李永思：《"互联网+"时代高职秘书学专业教学改革初探》，《办公室业务》2019 年第 14 期，第 87 页。

[2] 李展：《"互联网+"背景下秘书职业能力发展新趋势》，《秘书之友》2017 年第 4 期，第 4~7 页。

3. 从业要求"资格化"

为了提高秘书人员的职业素养，建设代表中国特色的秘书职业资格证书制度，与国际秘书人员资格鉴定接轨，我国从 1998 年开始逐步推行秘书职业资格证书制度，成为我国秘书任职资格化的开端。自 2003 年起，启用新的国家职业标准用于秘书职业全国统一鉴定。经过 20 余年的发展，大部分用人单位越来越重视秘书人员的职业资格，进一步提高了聘任要求，使得职业资格培训机构和聘任制秘书人员队伍进一步壮大。现在，由我国权威机构主持的秘书职业资格鉴定，主要测试秘书人员是否具备从业所需要的知识与技能，参与测试者获得资格认证的机会均等，测试后对考核合格者颁发相应基本技能级别的职业资格证书。[①] 秘书人员在取得职业资格证书后，还应与时俱进，积极适应新形势和新业态，掌握专业领域的新消息和新技术，在工作实践中提高自身素质。

二　秘书学专业办学展望

尽管存在诸多困难与不利因素，对秘书学专业的办学前景依然可以保持乐观。

首先，秘书职业是一个发展前景广阔、市场需求量巨大的职业。截至 2017 年，全国各类秘书学从业人员约 1300 万人。由于自然减员、晋升、改换职业或岗位等原因，每年需新增 70 万~80 万人；第四次全国经济普查报告显示（2018 年），我国私营企业逐年增加，达 1561.4 万个，比 2013 年末增加 1001 万个，增长了 178.6%；到 2021 年，私营企业实现利润总额 29150 亿元，较前年增长 27.6%，我国秘书从业人员约 2300 万人。随着企业数量的增加、规模的扩大和管理的需要，加之社会上层人士对私人秘书的需求，每年将新增秘书学从业人员近 10 万人。两项合计近 90 万人。由此可见，秘书学教育是大有可为的。

其次，随着现代管理理念日益深入人心，各级各类社会组织的管理更趋

---

① 　农军：《论秘书工作的发展趋势》，《人力资源管理》2013 年第 9 期，第 232 页。

于规范化，秘书学人员的层级分布将更加合理。据 PIS 研究测定，在大、中型企业的行管（办公）部门中，初、中、高三级秘书学人员的合理比例为6：2.5：1，秘书学职业结构的正态分布、对初级文员需求的增长，将为学校秘书学专业毕业生提供更多的就业岗位。

再次，各级各类社会组织，特别是新经济组织（即民营、合资等企业）的管理者，出于降低管理成本、建构稳定团队的目的，在人员吸纳上，正逐步改变盲目追求高学历的偏向，乐于录用合格的能胜任岗位的毕业生。因为，大学生去民企，往往是找个临时的落脚点；职业学校学生则不同，工作比较安心、待遇上没有过高要求，是中小民企的合适人选。

最后，截至 2021 年我国高校毕业生规模达 909 万，秘书学专业在本科及研究生层次培养中属于文学大类，文学类毕业生共计 43.2 万人；在职业教育层次培养中属于公共管理与服务大类，公共管理与服务大类毕业生共计3.6 万人。[①] 在新增秘书人员中，若按秘书层级正态分布，初级秘书应占40%~50%，这一就职空间，是现有秘书学专业教学规模的 3~4 倍。如此巨大的职业缺口，目前主要由其他专业人员填充。随着我国经济社会的发展、秘书职业化程度的提高和秘书职业准入制的建立，非秘书专业人员挤占秘书岗位和秘书专业高学历低职位的现象将大为减少，这对秘书专业人员特别是秘书学专业毕业生就业极为有利。

因此，日益增强的社会需求，必将刺激和推动秘书学专业的发展。

---

① 《教育部：2021 届高校毕业生规模 909 万　就业局势总体稳定》，人民网，http：//www.moe.gov.cn/fbh/live/2021/53931/mtbd/202112/t20211228_ 590926.html，最后访问时间：2022 年 4 月 14 日。

第二章
人才培养目标分析

第一节　中小企业对秘书学毕业生的要求

一　中小企业对秘书学毕业生素质的要求

近年来，我国中小企业发展迅速，管理内容越来越精细化，其对于秘书人员的需求占据较大的市场份额。根据调查，中小企业需要的是复合型、应用型、创新型人才，重点关注秘书人员的综合素质与能力。重视程度从高到低依次是：思想道德素质、文化素质、业务素质、心理素质、团队协作精神和沟通协调能力等。大部分用人单位在招聘时普遍看重的是秘书人员的基本素质，如品德修养、灵活程度、努力程度和知识面等，可以概括为要素质而不求专业精。

1. 思想道德素质方面

中小企业聘任秘书人员一般是一个双向选择的过程，企业不仅需要人才具备过硬的专业实力，还非常重视人才的思想道德素养。秘书作为现代企业活动的重要参与者，其自身的思想修养和职业道德观非常重要。

秘书人员要自觉遵守职业道德规范，忠于职守、爱岗、敬业以及履行各项职责。首先，中小企业秘书人员要忠于秘书这个特定的工作岗位，养成朴实的工作作风，明确秘书活动的各项职责，认真辅助做好各项工作。其次，应该具备正确的职业道德观念，秉承工匠精神，踏实工作、勤于服务，努力在秘书岗位上实现自己的人生价值。[①] 最后，要明确工作性质，时刻牢记工作责任，服从领导管理，遵纪守法，恪守信用，严守机密，不断提高自身的思想道德素质。

2. 文化素质方面

文化是知识经济时代的显著特征，由于职场竞争日趋激烈，中小企业清醒地认识到了文化素质影响着个人整体工作水平，因此用人单位对文化素质的重视程度排到了第二位。要求秘书从业人员必须要掌握扎实的专业技术知识，对于广阔的行业背景有深刻的认识，同时也要学习与自己所从事的专业领域相关的其他行业的新知识。此外，在中小企业中可能会出现人手不够或分工不明确的情况，秘书人员就要身兼数职，所以要树立终身学习的观念，主动思考和解决问题，在实践中加强积累科学文化各方面的知识，丰富自己的知识体系，为在职业生涯中取得成功做好准备。

3. 业务素质方面

中小企业因其自身特点更加青睐复合型的秘书人才，他们既要处理烦琐的日常事务，还要为领导或雇主决策与管理提供辅助服务。业务素质通常会直接影响工作效率，需要秘书从业人员主动思考，在工作中积累自己的方法与经验，不断提高工作技巧与能力，提升办公效率。据调查，中小企业注重的秘书学毕业生的业务素质依次是：独立工作能力、组织管理能力、实际操作能力、创新能力、获取加工和利用信息的能力。

4. 心理素质方面

良好的心理素质不仅是秘书必备的素养之一，也是中小企业比较关注的因素。当今社会是一个充满竞争和挑战的多元化社会，秘书人员能否适应企业经营管理的发展和变化并谋求工作的成功，很大程度上取决于个人心理素质的强或弱。中小企业最希望毕业生表现出的心理特质包括：善于调节情绪变化，能够快速进入工作状态；工作信念坚定，对秘书工作保持持续的热

---

① 和丽清、柳欣圆：《秘书综合素质培养的探讨》，《办公室业务》2017 年第 10 期，第 58 页。

情；具有较强的自我效能感，有胜任纷繁复杂的工作的信心；认识到秘书工作的重要性，甘于奉献，自主主动工作；有上进心，追求卓越、渴望成功；对人对事乐观豁达等。

5. 团队协作精神与沟通协调方面

秘书人员作为"中间人"，对外要与客户建立良好联系，对内要能够与同事和谐共事，因此其团队协作精神与沟通协调能力越来越为中小企业所看重。企业需要的是沟通技巧强、有亲和力，能够运用自己良好的沟通能力与企业内外有关人员接触，树立良好企业形象的人；需要的是能够妥善处理工作矛盾，准确领悟领导要求和同事意图从而达成合作，提升内部向心力和凝聚力的人。平时在学校参加社团、参与组织策划完成过大型活动的学生最受欢迎，这些学生到了工作岗位后，可以很快融入团体、保证工作效率、顺利开展工作。

二　中小企业对秘书人员能力的要求

通过调查，中小企业用人单位普遍认为好的秘书学人员最好具备公文写作能力、会议组织能力、办公自动化设备操作能力、Office（尤其是 Excel）办公软件的使用能力、档案管理能力、人际沟通能力、执行能力、合作能力、应变能力，懂得本行业的专业知识背景、办公室事务管理知识、商务知识、法律知识。

与需要高层次专业型人才的国企或大企业相比，中小型企业对学历的要求较低，更希望秘书人员有较高的综合能力，掌握多方面、实用的专业能力与附加能力满足日常工作需求。认为秘书人员应亲和力强、形象佳、气质稳重；普通话标准、语言表达能力强，具有较强的组织沟通协调能力和社交能力；文笔好，有日常公文撰写能力，能熟练操作电脑及各种办公设备；具备团队协作精神和一定的抗压能力，保持不断学习和提升自己的习惯，提高知识迁移能力；熟悉企业运作模式、各职位工作内容以及自身业务范畴等。

同时各用人单位还希望秘书学人员具备相应业务背景和专业技能，如生产部门秘书职位要求化工或理工科背景；涉外秘书职位要求有英语专业八级证书或高级口译证书者优先；销售部门秘书职位要求性格外向、勤奋自律和有亲和力；公关部门秘书职位要求具备公共关系管理的基础知识和一定的实践经验等。有些单位则注重"职业道德"、"敬业精神"及"使用和维护现代化办公设备"的能力。

这些能力可进一步分解为专项技能，具体情况如表2-1、表2-2。

表2-1　中小企业对秘书人员能力的要求

从业基础能力	从业业务能力	从业相关能力
执行能力	文书拟写与处理	法律与法规
公关礼仪	会议组织	商务知识
时间管理能力	办公室日常事务管理	速记速录
人际沟通能力	协调工作	英语应用
使用和维护现代化办公设备	文件档案管理	财务管理
—	接待工作	—
—	信息工作	—

表2-2　秘书人员综合职业能力调查统计表

单位：分

应具备的能力	用人单位重视程度值	毕业生表现出的程度值
敬业精神	9.8	8.4
职业道德	9.7	8.2
责任心	9.6	8.4
使用和维护现代办公设备	9.6	8.5
质量和效益意识	9.5	7.5
合作能力	9.4	8.6
解决问题能力	9.4	6.8
行政管理协调能力	9.4	6.9
应变能力	9.3	8.0
毅力	9.2	8.0
公关礼仪	9.2	7.0
文件档案管理	9.2	7.0
自学能力	8.9	8.3
灵活性	8.9	7.6
独立性	8.8	7.9

应具备的能力	用人单位重视程度值	毕业生表现出的程度值
应用写作	8.8	8.2
专业理解	8.6	8.0
日常事务组织督查	8.3	7.1
了解法律法规	8.3	6.4
口头表达	8.2	7.9
外语运用	7.9	7.4
领导能力	7.5	5.2

注：数据来源于项目组调查，满分以 10 分计。

第二节　秘书学专业人才培养目标分析

近年来，职业教育呈现里程碑式的发展，国家高度认可职业教育的战略地位，并对职业院校人才培养规格与质量提出了新的指导意见。教育部2019 年发布《关于职业院校专业人才培养方案制订与实施工作的指导意见》，要求职业教育"以习近平新时代中国特色社会主义思想为指导，深入贯彻党的十九大精神，按照全国教育大会部署，落实立德树人根本任务，坚持面向市场、服务发展、促进就业的办学方向，健全德技并修、工学结合育人机制，构建德智体美劳全面发展的人才培养体系，突出职业教育的类型特点，深化产教融合、校企合作，推进教师、教材、教法改革，规范人才培养全过程，加快培养复合型技术技能人才"①。

在后工业化时代，职业教育为了及时回应时代变化诉求，不仅重视培养学生的专业能力，还将培育核心素养摆在首要位置。② 职业学校学生应积极进取，拥有较高的自我认同感，具备健康生活、管理情绪和反思能力；具备

---

① 《教育部关于职业院校专业人才培养方案制订与实施工作的指导意见》（教职成〔2019〕13 号）。

② 陈宏艳、徐国庆：《基于核心素养的职业教育课程与教学变革探析》，《职教论坛》2018 年第 3 期，第 57~61 页。

科学的世界观、人生观，有较强的爱国主义精神和社会责任感，树立规则意识、权利意识和绿色意识等；具有一定的创新精神和批判思维，基本的艺术素养和运用科学知识的能力；具备较高的职业道德，胜任工作的科学文化知识、专业知识及职业技能；具有执行任务、解决问题、适应岗位迁移和终身学习的能力，对自己的职业生涯有一定的规划。

根据调研，现罗列一些学校秘书学专业人才的培养目标。

"培养学生掌握现代文秘所需的基础理论、基本知识和专业实践技能，具有公共关系、礼貌礼仪、信息收集、信息处理的技能技巧，毕业后能从事秘书、行政管理等工作的应用型专业技术人才。"

"在校期间学习秘书基础、应用写作、计算机办公自动化软件应用、档案管理等相关课程，为企事业单位培养具有综合职业能力的文书工作者。"

"以就业为导向，培养德、智、体、美全面发展，掌握秘书学和办公管理的基本理论和知识，具有突出的办文、办会、办事实践能力，具有较强的学习能力、工作能力和创新能力，综合素质较高，有可持续发展能力，适应区域经济社会发展生产建设、管理服务一线秘书学工作要求的高素质技术应用型人才。"

"本专业坚持立德树人、德技并修、学生德智体美劳全面发展，主要面向机关、企事业单位，培养具有一定的文化水平、良好的职业道德和人文素养，能在现代化办公环境中从事办公室日常事务处理、信息收集和处理、文书拟写与文档管理等相关工作，具有职业生涯发展基础的知识型、发展型技术技能人才。"

"本专业培养具有真挚的爱国情怀、广阔的社会视野和深厚的人文精神，具备扎实的汉语言文学素养，系统掌握秘书学基本理论、基本知识，熟练掌握秘书工作基本技能，社会责任感强，能够适应党政机关、社会团体以及各类企事业单位需求的，具有创新精神的应用型秘书学人才。"

根据以上罗列的学校的人才培养目标，可以总结出如下特点。

一　强调德育地位、学生的全面发展

秘书学专业的人才培养目标强调学生德、智、体、美、劳全面发展，具有较高的专业能力、良好的职业道德和一定的人文素养。各个职业学校在办学上坚持社会主义方向，必须将德育放在工作首位，完善人才培养基础环节。职业教育关注学生持续发展的实际需要，突出专业特色，培养他们具备秘书工作必备的职业道德，如恪守信用、严守机密等；掌握必备的专业知识和多方面、实用的专业能力与附加能力；树立健康生活的意识，强健体魄，具有欣赏美和鉴赏美的能力，使他们成为合格的社会主义事业建设者和接班人。

二　强调学生的综合实践技能

为了满足市场需求，提高人才竞争力，职业学校要培养复合型、创新型的技术技能人才。秘书学专业要求学生必须掌握的专业技能包括文书写作与处理、办公室事务处理、会议组织、沟通交流与协调合作、信息与档案处理、计算机和自动化办公设备的使用等能力。在学生掌握秘书学专业的核心实践技能——办文、办会、办事能力后，学校还应该为其积累实际工作经验提供条件，提高学生综合实践技能，培养他们具备一定的附加能力，如较高的政治素养、良好的外语水平以及灵活的应变能力等。

三　强调学生的就业指向性

秘书学专业人才培养目标需强调该专业学生在就业时主要面向何种用人单位，即应明确学生所从事的工作领域。清晰的就业层次，有利于教育者认清学生的就业岗位，学生在学习过程中也可以提高对就业单位的认识，进一步激发其职业意识。秘书学专业学生的就业指向性，指在就业上要能适应"党政机关、社会团体以及各类企事业单位需求"。

第三节　根据人才培养目标呈现秘书学专业培养规格

人才培养规格是在人才培养目标的指导下，毕业生所具有的各种能够适应就业单位的素质与能力。秘书学专业的毕业生在学成后应具备如下素质与能力。

一 基本素质和能力

（1）热爱祖国，拥护党的基本路线；

（2）具有公共道德和法律意识，有较强的纪律意识和较高的政治素质；

（3）具有良好的职业素养；

（4）具有健康的心理素质和良好的身体素质；

（5）熟悉社交礼仪。

二 职业核心能力

（1）自我学习能力；

（2）交流与合作能力；

（3）解决问题能力；

（4）信息处理与数字应用能力；

（5）创新能力。

三 专门技术能力

（1）应用文写作能力；

（2）表达能力；

（3）办公室事务处理能力；

（4）沟通协调能力；

（5）会议和商务活动组织能力；

（6）信息与档案处理能力；

（7）计算机和自动化办公设备的使用能力。

四 专门技术核心能力

（1）应用文写作能力；

（2）办公室事务处理能力；

（3）会议和商务活动组织能力。

五 职业延展能力

（1）商务谈判能力；

（2）人力资源管理能力；

（3）相关专业的职业能力。

总体来说，秘书学专业的培养目标主要有三个层次，"通用知识与通用能力"是指学生应具备的一般能力，即从事任何职业都需要的普遍适用的能力；"专业知识与能力"是指胜任某一职业（群）工作所必须具备的能力，强调专业的应用性和针对性，注重专业技能的掌握；"专业拓展知识与能力"是指从事相近专业以及跨专业工作的能力（见表2-3）。

表 2-3　秘书学专业的培养目标的能力结构

结构	要求
通用知识与通用能力	1. 具有运用正确的思想、观点与方法分析和解决问题的能力 2. 具有积极的人生态度和责任感，具有较强的社会适应能力和心理承受能力 3. 具有较强的口头与书面表达能力、良好的沟通协调能力，以及团队合作能力 4. 具有较强接受新知识、新事物以及自主学习、终身学习的能力 5. 具有借助工具书阅读、翻译、撰写一般外文专业技术资料的能力 6. 具备较强的计算机应用及信息采集、分析和利用的能力 7. 具有国际化视野、竞争意识、创新意识和一定的创业能力 8. 掌握正确的体育锻炼方法，具有终身体育的能力 9. 具有职业安全、环境保护等相关知识和技能 10. 具备良好的服务意识及服务能力
专业知识与能力	1. 了解国家公司法等有关方针政策、法律法规 2. 具有领会贯彻执行领导意图的能力 3. 具有较强的公关能力，参与商务谈判的能力以及沟通协调能力 4. 熟知职场礼仪，并能灵活运用 5. 能根据职场需要进行自我形象的设计 6. 有一定的英语听说读写能力及英语沟通能力 7. 具有一定的财务管理能力 8. 具备快速进行文字录入的能力 9. 能按照公文处理的流程正确处理公文

续表

结构	要求
专业知识 与能力	10. 能进行事务文书、礼仪文书、商务文书等类文书的写作 11. 掌握会务策划,能进行会务的组织与管理 12. 能做好接待尤其是外宾的接待工作 13. 能及时有效地进行信息资料的收集、整理、反馈等工作 14. 熟练运用现代办公设备,并能进行日常维护、保养 15. 能高效处理办公室日常事务 16. 具备较高的日常事务管理能力,能进行计划管理、时间管理、成本控制等 17. 遇突发事件(如新闻危机)或临时性事务知道基本的处理方法及工作流程
专业拓展 知识与能力	1. 具备对中外文学作品一定的鉴赏能力 2. 具备运用新兴信息技术办公的能力 3. 具备一定的调研能力和综合分析能力 4. 能够运用秘书学专业综合知识在工作中独当一面,具有一定的参谋、谋划、决策能力 5. 具有处理秘书综合事务和参与重大商务谈判的能力,具有一定的重要活动策划能力 6. 具有突出的口才和演讲能力、出色的公关能力

第四节　职业学校人才培养目标的发展趋势

学校要想在人才市场的竞争中求生存、图发展,首先要解决教育培养目标的定位问题。职业教育应定位于培养"高素质、强技能、宽适应、复合型"生产第一线的技术人才,并以能力为本位,将其作为教学改革的突破口,以"肯干、够用、会学"作为人才培养的质量标准。"肯干"体现了德育标准;"够用"体现了专业要求;"会学"体现了发展潜力。并按照"适应市场,服务社会,立足当地,适度超前"的发展思路,重点在培养宽基础、复合型、智能型人才架构上下功夫;把学生培养成为"艰苦行业留得住,实操管理都能干,转岗换位适应快,经过努力上得去"的复合型人才。

一　培养具有较高职业道德和专业操守的人才

2019 年印发的《国家职业教育改革实施方案》强调,把立德树人融入教育教学全环节，要求学校不断加强思想政治教育工作，推进课程思政建设。同时，现代企事业单位考量人才的重要指标已发生了转变，更看重秘书学专业毕业生的职业道德与专业操守，他们呼吁学校加强对学生的职业道德教育。一个合格的秘书从业人员，在进行任何职业活动时都应具备一定的纪律意识、保密意识和责任意识，有足够的应对风险事件的抗压能力，忠诚度高，强化自身的责任感和使命感。因此，职业学校为了响应国家号召、满足市场和企业需要，必须将培养学生德技兼修作为首要培养目标，引导其形成正确的世界观、人生观和职业道德观，树立合规意识、风险意识等；提高学生的思想道德修养，使其成为德智体美劳全面发展的专业人才。

二　培养专才与通才相统一的应用型、复合型人才

有学者认为不久的未来是一个不需要秘书的时代，但现实证明不仅秘书原有的事务性工作没有消失，而且新的辅助性工作大量增加，秘书工作职能不断扩大，渗透到所有领域、各行各业。[①] 各类企业和经济部门对秘书人才的需求大大增加，且最为缺乏的是应用型、复合型和创新型的秘书类型。由于秘书工作服务对象、工作内容的多元化，秘书工作不仅包括基础的办文、办会和办事，还需要承担一部分管理类工作；由被动服务转向优质主动服务，需要具备良好的沟通协调能力；还要身兼数职，掌握外语、驾驶、现代信息技术等技能，做策划、公关、谈判、翻译等工作。可以看出，市场对于秘书人员的要求越来越高，希望秘书人才既是"专才"又是"通才"、既是"专家"又是"杂家"。因此，职业学校应及时顺应这种需求趋势，将秘书专业培养目标定位于应用型、复合型的高素质人才的培养，使毕业生具有基础扎实、知识面广、能力综合、适用性强等特点，成为一专多能的秘书人才。

三　培养拥有"学历文凭+秘书职业资格证书"双证的人才

随着全球经济一体化和中国改革开放，我国秘书行业发展呈现职业化的

---

① 舒青根：《试论文秘专业的社会需求和发展前景》，《就业与保障》2020 年第 9 期，第 39～40 页。

特点，秘书职业化进程的重要表现是推行国家秘书职业资格证书制度。国际上一些发达资本主义国家在 20 世纪五六十年代就已经实现了秘书的职业化，形成了权威的秘书组织，展开职业培训。进入 21 世纪，我国各行各业与国际社会逐渐接轨，在秘书领域也作出不少努力。为实现秘书职业化，保证秘书职业资格证制度的推行，颁布了各项配套的政策和制度，实行规范化、规模化的现代培训鉴定模式。1998 年颁布《秘书职业资格鉴定试点工作方案》，开展秘书职业资格培训和鉴定试点工作，是我国秘书职业化的第一步；2000 年《招用技术工种从业人员规定》规定，秘书上岗必须持有劳动保障部职业技能鉴定中心颁发的职业资格证书，这标志着我国秘书职业化的真正到来。[①] 为了与时代需求相符，职业学校需要完善秘书人才培养目标，秘书教育向秘书职业资格鉴定靠拢，教学内容涵盖秘书从业资格证要求，将学生培养为具备专业知识技能和具有秘书职业资格的合格人才。

四 培养熟练运用新兴信息工具的人才

"互联网+""信息化"的时代特征对秘书行业的影响不可逆转，促使其快速转型升级。在未来，秘书行业发展趋势是将信息、IT、管理等专业与秘书专业相融合，这对从业人员又提出了新要求。秘书人员必须十分了解人工智能和办公自动化，掌握互联网思维，能够利用电子平台、电子设备等新兴信息工具开展服务工作。为了帮助企业发展更迅速，顺应信息化时代趋势，职业学校要将人才培养目标向新兴秘书行业人才培养逐步转变，培育出来的学生必须在互联网技术和电子商务两方面具有较大的竞争力，能够熟练利用计算机工具与互联网媒介应对繁杂工作任务，成为具备信息技术素养的综合性人才。

---

① 杨瑗嘉：《秘书职业化对高校秘书专业培养模式的导向研究》，《大众文艺》2020 年第 7 期，第 239~240 页。

第三章
课程与教学内容分析

第一节　我国中小企业对秘书学专业课程需求分析

由于培养层次的制约，职业学校秘书学专业毕业生目前主要从事秘书、文书、档案管理、信息资料的搜集、会议组织、商务沟通、公关礼仪及计算机文字处理等办公室程序性工作。因此，职业学校秘书学专业培养的秘书人才应当定位在满足中小企业的市场需求上，特别是民营企业。中小企业规模相对较小，秘书工作相对复杂，希望秘书人员是具备复合性、应用性技术和能力的专业人才。因此，课程设置应以培养学生的职业能力为原则，突出企业特色和适用性，彰显职业学校秘书学专业培养特色（见表3-1）。

目前，中小企业希望职业学校秘书学专业教育适当增加专业课的比重，在不忽略基础课的同时提高实践课的课时，加长见习和实习的时间、次数。文化基础课与专业课的课时比重应当为4∶6，专业课程中的实践教学比例应达到50%。

虽然大多数企业更加看重求职者的综合素质和能力，但是拥有一定的资格证书和技能仍然对求职者的成功和职业发展具有重要的影响。职业学校毕业生目前能够获取的相关资格证书相对较多，比如秘书职业资格证书、英语等级证书、计算机证书、公关员证书、普通话证书、会计从

表 3-1　中小企业对职业学校秘书学专业教育课程的需求

中小企业要求人才具备的素质		素质对应的能力	对应课程设置
思想政治素质		拥护党的基本路线、热爱社会主义祖国 具有强烈的社会责任感、明确的职业理想和良好的职业道德，遵纪守法、热爱劳动、诚实守信，有团结协作精神	思想道德修养与法律基础 职业道德与职业指导 职业生涯规划
文化素质		有良好的文化素养 具有一定的审美能力和艺术修养 具有一定的社会适应能力	中外文学欣赏 音乐美术鉴赏
职业素质	基本素质	掌握系统的文秘知识、应用文写作知识，具有应用文体的写作能力 具有较强的口头表达能力和书写能力 掌握一定的文学知识和文学理论，具有较好的文学修养 具备较强的计算机应用能力 具有公关、协调能力 具有一定的英语应用能力	英语 秘书写作 普通话 沟通技巧 书法 计算机基础 公关礼仪 秘书学
	专业素质	了解企业办公室的具体事务，掌握办公室的工作程序，熟悉办公室的各项业务 掌握系统的文秘知识、商务应用文体写作知识，具备较强的商务文书的写作能力 具有较强的商务沟通能力 具备较强的计算机应用能力以及现代办公设备操作与维护能力 具有较强的文书处理与档案管理能力 具有辅助领导公关策划、协调、营销的能力 掌握必要的企业行政管理知识、财务管理知识、财政金融税务常识和经济法规知识	秘书实务 办公室事务管理 文书拟写与处理 企业行政管理 办公软件应用 会议组织与管理 办公设备维护与使用 财务基础 商务谈判 涉外英文函电 客户与品质意识 国际商务沟通与谈判 办公自动化 计算机应用基础 电子商务技术 数据库应用与网页制作
身心素质		具有健康的体魄和良好的卫生习惯，达到国家规定的体育合格标准，能胜任未来的工作 具有良好的心理调节能力 具有良好的社会适应能力	体育 秘书心理学

注：内容来源于职教师资本科《秘书学》专业培养标准、培养方案、核心课程和特色教材开发项目（VTNE052）组调查。

业资格证书等，获取到相关的证书对学生的就业和发展有一定的帮助（见表 3-2）。

表 3-2　中小企业对职业学校秘书学专业毕业生有关证书要求

主要证书	级别
秘书职业资格证	五级、四级
全国英语等级证书	一级、二级、三级、四级、五级
书法考级证书	初级
公关员职业资格证	初级
计算机等级	初级、中级
普通话水平测试等级证书	三级、二级
会计从业资格证书	初级

注：内容来源于职教师资本科《秘书学》专业培养标准、培养方案、核心课程和特色教材开发项目（VTNE052）组调查。

第二节　秘书学专业培养课程结构分析

综合对比各学校秘书学专业的培养方案，可以得出秘书学专业的课程结构特点。

一　秘书学专业的课程结构模块

1. 公共基础课

毛泽东思想和中国特色社会主义理论体系概论、职业道德与法律基础、马克思主义民族理论与民族政策、形势与政策、数学、英语、计算机基础、体育、心理健康和国防教育等。

2. 理论知识型课程

管理学原理、经济学原理、现代汉语、基础写作等。

3. 理论实践型课程

专业必修课程：中国文化概论、中国文学简史、公共关系原理与实务、秘书学概论、秘书理论与实务、文书与档案管理、会议组织与管理、应用文写作、演讲与口才、社交礼仪、秘书英语、秘书心理学、电子商务、计算机高级应用、现代办公自动化、书法等。

专业限选课程：行政管理实务、人力资源管理、经济法、行政法与行政诉讼法、商务谈判、组织行为学、摄影技术、新闻写作、文学概论、会展实务等。

专业选修课程：速记、基础会计、市场营销、财务管理、广告文案与策划、网页设计、信息管理概论、实用美学、文学欣赏等。

4. 专业实践型课程

专业实训一：办公软件应用实训，内容包括 Windows 操作系统、WPS、Word 文字处理系统及 Excel 电子表格、图形图像处理、动画制作、Corldraw 和文字排版等。

专业实训二：办公室综合事务实训，内容包括到相关办公室进行秘书工作实习，熟悉办公室工作、接打电话、接待、文书处理、会议组织、整理档案、办公设备使用等。

专业实训三：会议组织综合实训，内容包括专题会议模拟组织、商务活动模拟组织、会议文件管理等。

专业实训四：档案管理综合实训，内容包括参观档案室，档案整理、归档、检索，信息收集、整理、利用等。

毕业顶岗实习：到校外实训基地进行一学期的毕业顶岗实习，内容包括办公室日常事务处理、文书撰写及处理、会议组织、商务活动组织、档案整理、领导交办事项等。

5. 概况总结

从以上课程名称可以看出，对秘书学专业来说，专业主要课程与专业核心课程主要包括以下内容。

专业主要课程：管理学原理、经济学原理、公共关系原理与实务、现代汉语、中国文学简史、中国文化概论、基础写作、秘书学概论、秘书理论与实务、社交礼仪、演讲与口才、应用文写作、文书与档案管理、会议组织与管理、秘书心理学、办公软件高级应用、现代办公自动化、书法等。

专业核心课程：基础写作、秘书学概论、秘书理论与实务、应用文写作、文书与档案管理、会议组织与管理、计算机高级应用、现代办公自动化等。

二　秘书学专业课程结构的特点

1. 以宽泛的专业学科范畴作为构建专业课程的依据

宽泛的专业学科范畴表现在"理论知识型课程+理论实践型课程"的两段结构。以上文列举的课程为例，有些课程如中国文化概论、中国文学简史、电子商务、书法、信息管理概论等与秘书学从业工作任务相去甚远，由此可以看出秘书学专业课程的宽泛性和外延程度。以这样的宽口径为基础，一方面有利于学生进行就业方向的选择，另一方面，正是选择面的宽泛导致有些学生毕业后什么都能干却什么都干不精。

2. 以理论课和实践课两个板块组织教学过程

职业教育尚未独立发展之时，一直沿用传统学科本位的课程观，对普通高校的课程模式进行简单的变形加工，以知识体系构架课程结构。重视理论课程的设置，即使是一些可操作性、现场展示性很强的内容也要将其开发成一门理论课程，在课堂上来讲授。随着职业教育的快速发展，人们认识到锻炼学生实践能力的重要性和必要性，但仍有一些学校习惯将实践课程作为理论课程的陪衬，重理论课程，轻实践课程。学生实践环节占比较低，通识类及专业理论课程占据了大量的课时和学分。从上文列举的秘书学课程来看，专业实训一至专业实训四都是配合理论课而出的实践课，只有最后的毕业顶岗实习是专门分配出时间做的综合实训。增加实训课是课程结构的新趋势，但有很多学校目前并没有领会其中的关键。

3. 基于专业技能的养成性训练，全程安排专业课程

从上文课程设置上来看，初步构建出以"工作课程"为主体的专业课

程体系和结构。一般来说形成了"三段式"课程序列，即第一学年普通文化课、第二学年专业基础课、第三学年专业课（大致的排法），而且以与普通文化课平行的"作业制"组织教学过程。对学生来说，专业的"工作课程"是在生产现场、实训实习场所进行的主体性活动，本身就是基础性的。所以，从易到难、从简单到复杂，全程性地安排专业课程有利于对学生进行专业技能的养成性训练。养成性训练的过程愈长愈连续，效果愈好，这样训练出来的学生具有很强的就业竞争力。

4. 提高信息技术方面课程的比例，适应时代需求

在科技化、信息化的时代背景下，秘书行业涉及的领域发生了新变化，相应的对秘书行业从业人员的要求也发生了变化，企业需要的是能够熟练运用计算机软件、掌握新兴技术开展工作的专业人才。为了增强学生的就业竞争力、提高其计算机应用能力，职业学校必须根据市场变化和企业要求增设合适的拓展课程，开设了如现代信息技术、电子商务、网页设计、文字排版等信息技术方面的课程，提高相应理论课程及实践课程的比例，同时课程分为必修和选修两种，供学生自行选择。

5. 选修课程是课程体系中不可缺少的组成部分

企业对秘书人才能力结构的要求是多方面、多层次的，从秘书工作的特质和企业对人才的需求来看，优秀的秘书人员既是行业中的专家老手，同时也是一名"多面手"。职业学校要培养学生掌握专业基础能力、专业核心能力，也需要关注学生特殊能力的培养，使学生掌握宽广的职业相关知识，既能在秘书岗位上得心应手，也能适应未来的职业发展。虽然选修课程的学时占总学时的比重较小，但选修课程依然是秘书学专业课程体系的重要组成部分。开设选修课程，不仅能够开阔学生的知识视野，还有利于学生的均衡发展、提高学生知识迁移能力和适应社会发展的能力。职业学校秘书学专业开设的选修课程大体包括：形体训练、普通话训练、速记速录训练、经济法常识、广告基础知识、书法、摄影与摄像、音乐和茶艺等。

第三节　秘书学专业教学内容分析

职业学校越来越重视学生综合职业能力的培养，对于秘书学专业的课程建设仍处于不断探索和实践阶段，教学内容直接关系到教育的质量，因此需要一套全面科学完善的遵循循序渐进的原则的课程教学内容，才能够使学生提升职业竞争力，符合市场快速变化的需求。下文从专业理论、专业实践、专业拓展三方面对职业教育秘书学专业的教学内容进行分析。

一　专业理论的教学内容

专业理论基础是一切实践的前提，没有专业理论基础指导的实践课堂都是无生命力的课堂。动手操作可以使学生掌握一项技能，重复训练可以使技能运用得更加娴熟，但若想使技能有所延伸，必须依靠理论的支持。职业学校要想培养出符合企业需求的创新型、复合型的高素质秘书人才，就必须要在培养过程使学生具备丰富的专业知识，充分了解自身工作的主职主责，掌握日常企业管理、财务、商务英语、计算机以及社会心理学等相关的基础知识。因此，构建科学的知识结构、优化秘书学专业理论的教学内容显得至关重要。

职业学校秘书学专业所教授的专业理论包括文化基础知识、现代信息技术知识、职业基础知识等内容。

1. 文化基础知识

文化基础知识是职业学校秘书人才必须学习和掌握的基本文化知识和劳动技能，能够促进学生在德、智、体、美、劳全方面发展，对学生形成基本思想政治素质、科学文化素养，实现可持续发展有关键作用，结合秘书学专业特色进行教学，体现了职业教育基础课程的职业性，能够为后续的专业学习打下坚实基础，以更好发挥职业教育的特色育人功能。[①]

---

① 王扬南：《全面把握中等职业学校公共基础课程标准的背景和意义》，《中国职业技术教育》2020 年第 17 期，第 5~9 页。

根据我国职业教育秘书学专业教学标准要求，职业学校在文化基础知识方面主要教授语文、数学、英语、体育与健康、公共艺术、历史、职业道德与法律、职业生涯规划、经济政治与社会、哲学与人生等内容。

①语文教学内容：加强现代文和文言文阅读训练，提高学生阅读现代文和浅易文言文的能力；加强文学作品阅读教学，培养学生欣赏文学作品的能力；加强写作和口语交际训练，提高学生应用文写作能力和日常口语交际水平，进一步巩固和扩展必需的语文基础知识，养成自学和运用语文的良好习惯，接受优秀文化熏陶，形成高尚的审美情趣。

②数学教学内容：学习数学的基础知识，如集合与逻辑用语、不等式、函数、指数函数与对数函数、任意角的三角函数、数列与数列极限、向量、复数、解析几何、立体几何、排列与组合、概率与统计初步等；通过教学，提高学生的数学素养，培养学生的基本运算、基本计算工具使用、空间想象、数形结合、思维和简单实际应用等能力，为学习专业课打下基础。

③英语教学内容：巩固、扩展学生的基础词汇和基础语法，培养学生听、说、读、写的基本技能和运用英语进行交际的能力，使学生能听懂简单对话和短文，能围绕日常话题进行初步交际，能读懂简单应用文，能模拟套写语篇及简单应用文，提高学生自主学习和继续学习的能力，并为学习秘书学专业英语打下基础。

④职业道德与法律教学内容：使学生了解职业、职业素养、职业道德、职业个性、职业选择、职业理想的基本知识与要求，树立正确的职业理想；掌握职业道德基本规范以及职业道德行为养成的途径，陶冶高尚的职业道德情操；形成依法就业、竞争上岗等符合时代要求的观念；学会依据社会发展、职业需求和个人特点进行职业生涯设计；增强提高自身全面素质、自主择业、立业创业的自觉性。

⑤哲学与人生教学内容：对学生进行马克思主义哲学知识及基本观点的教育，通过课堂教学和社会实践等多种方式，使学生了解和掌握与社会实践、人生实践和职业实践密切相关的哲学基本知识；引导学生用马克思主义

哲学的立场、观点、方法观察和分析最常见的社会生活现象；初步树立正确的世界观、人生观和价值观，为将来从事社会实践打下基础。

⑥体育与健康教学内容：以增强体质、增进健康和提高体育素养为主要目标，主要开设田径、篮球、排球、乒乓球、羽毛球、足球等健身运动项目，学生可以根据兴趣爱好，自主选修运动项目，通过合理的体育教育和科学的体育锻炼，熟练掌握健身运动的基本方法和技能，在健身运动和体育竞技过程中，培养良好的体育道德和合作精神，提升与职业相关的关键身体素质和素养，为顺利从业与胜任工作岗位打下良好的基础。

2. 现代信息技术知识

随着新一轮教育改革的实施，职业学校进一步普及计算机操作以及信息的教育。秘书学专业是有极强应用性的学科，由于信息化社会对秘书人员的基本能力提出了更高的要求，需要学生具有信息管理和熟练操作现代办公软件、设备的能力。因此，现代信息技术知识是职业学校秘书专业人才必备的基本知识。

职业学校关于现代信息技术知识主要教授计算机应用基础、办公自动化等内容。

①计算机应用基础教学内容：学习计算机的基础知识、常用操作系统的使用、文字处理软件的使用、计算机网络的基本操作和使用，掌握计算机操作的基本技能；具有文字处理能力，数据处理能力，信息获取、整理、加工能力，网上交互能力，为以后的学习和工作打下基础。

②办公自动化教学内容：包括计算机的基本组成、Windows 操作系统、Office 办公软件以及互联网基础知识；文字处理、表格处理、演示文稿设计；图片、音频、视频等多媒体文件的制作；互联网资料收集、传输等网络办公事务；常见办公设备使用及简单维修，以及"互联网+"、新媒体、大数据在办公领域中的应用。

通过学习，学生可了解计算机、互联网基础知识，掌握应用计算机办公的基本技能，学习完成后，能够取得全国计算机信息高新技术办公软件应用模块中级技能证书。

3. 职业基础知识

职业基础知识是从事秘书职业所必需的专业知识，是职业学校秘书学专业理论教学内容的主要组成部分。充足的文化基础知识和职业基础知识对于职业学校培养的人才来说，既能够满足秘书岗位的需求，还能提高其知识迁移应用能力，更好地适应未来职业发展的变化。如果秘书从业人员没有专业理论知识作为支撑，要在工作一段时间后进一步提升自我则会比较困难。

职业学校秘书学专业理论的教学强调秘书学专业的基础知识、概念原理、技术的思想与方法，职业基础知识是秘书学专业理论教学内容的主体，职业学校在职业基础知识方面主要教授秘书学、基础写作、秘书写作、办公室事务管理、会议组织与管理、文书与档案管理、财务基础等内容。

①秘书学教学内容：主要阐述秘书的基本职能、活动原理，信息与调查研究、公文撰拟、公文办理、会务、信访、事务、保密等工作的基本做法和规范，秘书的素养、职能环境、工作能力和工作方法，现代办公技能等内容，使学生掌握一般秘书的基本技能和工作能力。

②基础写作教学内容：主要包括秘书写作的基础知识、常用文体的写作方法，同时注重理论联系实际，培养提高学生的秘书写作能力。具体讲述文体的含义、作用、特点、分类、运用范围、写作中应注意的事项和各文体写作的基本技巧等；使学生掌握各种常用文体的写作方法，提高写作能力，熟悉各种文体的规范体式，从而比较熟练地写出观点正确、内容充实、结构严谨、格式规范、语言流畅、文风端正的实用文章。

③秘书写作教学内容：从整体上对秘书写作应遵循的原则、方法、规律，常见文种的实际用途及其写作要领进行讲授，使学生具备从事秘书工作的基本技能，明确秘书写作对履行辅助管理职能活动的影响，并为其事业发展打下坚实的基础；针对当代秘书工作的实际情况，侧重学习指导性文书、规范性文书、报请性文书、告启性文书、宣传性文书、会议文书、礼仪性文书、凭证性文书和生活文书等。

④办公室事务管理教学内容：对应秘书岗位三大典型工作任务中"办

事"的工作任务，着力培养学生规范处理办公室事务的能力，在达成专业人才培养目标过程中具有主干作用，包括办公室环境管理、办公室时间管理、办公室用品管理、办公室日常事务管理、接待工作、信息工作等程序化知识，比较全面系统地了解秘书的日常性办公室事务工作的内容，比较熟练地掌握秘书办事的工作程序和操作技巧；培养协调、管理的能力，养成忠诚、负责的职业态度。

⑤会议组织与管理教学内容：包括会议组织、会议管理方面必要的专业理论知识，了解组织和管理企业各种类型会议的关键技能、熟练掌握常用会议文书的写作，从总体上提高学生会议管理能力。

⑥文书与档案管理教学内容：主要讲授与学习文书与档案管理工作的基本概念与一般知识和技能、文书的种类、文书的体式与稿本、文书的形成与处理、文书的整理与归档、档案的收集与鉴定、档案的整理与保管、档案的检索与利用，以及电子档案等。

⑦财务基础教学内容：包括企业会计基本知识、会计核算的基本环节、记账方法和财产清查方法、阅读会计报表的方法、现钞基本常识和银行结算方式，以及企业纳税业务知识和流程等。

以上是对职业学校秘书学专业理论方面教学内容的总结，这些内容主要是通过专业理论课传授给学生的。由于我国职业教育作为一种类型教育，独立发展的经验还不够充足，实际的教育过程中习惯了以知识为中心的分科课程模式，在专业理论的教学方面存在一定的问题。对于专业理论内容的学习，职业院校应该与普通中学区别开来，将理论知识的传授与专业技能的培养有效衔接起来。但职业学校秘书学专业部分理论课程内容设置不合理，没有跳出系统性的、以学科知识为逻辑的传统课程思维模式，不利于学生职业能力和职业素养的培养。

教学内容实效性不强，与社会发展不适配，缺乏行业标准。教学内容的滞后导致学生在专业理念、目标认知等方面落后于实践，学生希望通过学习了解秘书学专业的热点、焦点以及前沿问题，但部分教师只关注课程逻辑体系的完整，不够关注当前秘书学专业发展的重大理论和实践，对于整合与补充秘书学领域的新成果和新内容的兴趣不大，因此导致学生的需求与教师的表现差距较大的问题。部分秘书学专业理论教学内容在课程上存在重叠度高的现象，如《办公实务》与《秘书基础》的部分章节有重复，《秘书考证》与《高级办公软件》在知识点上也有重复现象。这样交叉重复的教学，若不同任课教师对相同知识内容的讲授出现偏差，既不利于学生的学习，也浪费了学时，还会影响到整体的学习效果和教学质量。

对秘书学专业理论的内容进行教学时，教师基本采取的是普通讲授的教学方法，几乎没有其他形式的教育活动，课堂上缺乏有效的互动交流，无法引起学生对于秘书学专业理论内容的兴趣，导致学生对学习感到枯燥无味、无法与专业理论内容深度交融。学生被动地学习专业理论，形成了过于依赖教师和不愿思考的学习习惯，自主学习动机弱，缺乏创新精神，面对学习中出现的新问题总是束手无策。长此下去，秘书学专业的学生无法对专业理论产生高度认同感，这将对学生日后从事秘书工作产生潜移默化的消极影响。对专业理论内容的教学呈现一种知行分离、有学无习的倾向，学生只能集中学习专业理论，在学习后的较长一段时间内不能将理论应用于实际工作，理论学科的应用价值被削弱。

秘书学专业理论是学生提高自身专业技能和职业能力的基础，理论教学和技能培养在重要程度上是相同的，有些实践课的设置要以理论课为基础，实践课的导出也以一定的理论为基本。在职业教育中，教学内容的编排要打破专业理论和专业实践的界限，按照职业活动分析这一主线将理论教学与实践教学紧密结合起来，不再将课程分为理论课和实践课，实现理论和实践的结合。另外，秘书学专业理论教学应打破学科体系结构，依据职业岗位对知识、技能、态度的要求，充分考虑学生职业生涯的需要来设置课程、选择教学内容。不片面追求理论的完备、系统和深度，以具备秘书学基本理论修养、能有效指导秘书学工作实践为根本目的，立足于培养应用型初级秘书人才。

秘书学专业理论以学生掌握秘书学工作的一般理论知识为出发点，坚持计算机技术应用教学、英语教学、写作运用和实践教学不松懈；熟悉机关、企事业单位的组织系统，掌握秘书学工作的基本职能、基本任务、原则与方法；掌握文书处理工作的基础知识，掌握机关、企事业单位常用文件的类别、格式及撰写的基本要求；了解办公自动化常用设备的主要功能；具备公关和礼仪的一般知识。同时，对内容相近或相同的课程内容进行整合与综合化处理。如"文书基础"与"档案管理基础"综合为"文书与档案管理基础"；由于在"公共关系基础"中已包含"礼仪"的基本知识，因此专业理论课中不再设"礼仪知识"，并且将"普通话训练""交际语言训练"等也归并其中；文化基础课中的人文科学类课程和自然科学类课程可以进行课程综合化的探索。课程内容的整合与综合化处理，使秘书学专业的课程设置更为合理。

二　专业实践的教学内容

社会需要的是具备实际操作能力的秘书人才，职业学校为了实现其教育功能，使秘书人才供给与市场需求对等，就必须把学生培养成为适应市场需求的创新型、复合型高素质技能人才。对于技能型人才的培养，培养学生掌握专业理论知识是一方面，更要重视职业能力的培养。因此，秘书学专业实践方面的教学内容是职业学校最主要的教学内容，是提高学生职业关键能力和职业岗位能力的重要途径。秘书学专业学生的职业关键能力，是指超出秘书学专业职业技能和知识范畴的能力。针对秘书工作的职业岗位能力主要包括语言文字表达能力、熟练操作现代化办公设备的能力、公关能力、组织管理能力、参谋决策能力和协调沟通能力等。

秘书学专业学生能力的培养主要有实训教学和顶岗实习的形式，以实用性为主，以适应职业岗位为目标加强技能训练，使学生具有获取知识、运用知识的实际能力和与之相应的方法技巧，并在此基础上培养和提高学生的智能和创新能力，鼓励个性自由发展。[1]

---

① 聂丽娟：《关于职业学校文秘专业教学内容的思考》，《科技创新导报》2012 年第 5 期，第 195 页。

职业学校秘书学专业在实践方面的教学内容选择上，主要依据秘书程序性工作的七项任务。

第一项办公室日常事务处理，包括日常接待与信访办理，值班与值班工作的标准化管理，电话事务处理，收发文书的处理，印章的管理，编写工作日志，日常费用的管理和报销，办公室布局与办公环境维护，采购、调配和使用各类办公资源，办公资源库存的监督管理，办公室的安全管理，紧急情况与突发事件应对，办公效率管理等。

第二项会务管理，包括会议筹备工作，会议报到与接待；会中服务，会议沟通与协调，会议保卫保密工作，会议突发性事件处理，组织会议新闻报道；与会人员的返程安排，检查清理会场和整理会议文件，传达会议决议，撰写会议总结，结算会议经费，评估会议效果等。

第三项信息工作，包括信息收集，信息的整理和加工，综合分析和概括提炼，信息的传递和利用，信息反馈及反馈与再反馈链条的建立，信息储存程序制订与信息保存工作，信息的开发等。

第四项文档管理，包括文书的传递和清退，文档的收集、鉴别与销毁，文书立卷归档，档案的分类、组合和编目，档案价值的鉴定，常用档案检索工具的编制，档案资料编写，档案的维护与保管，档案的利用服务等。

第五项沟通与协调，运用各种沟通方法和技巧，做好上下左右各种关系的协调与沟通。包括协调与领导之间的关系；与领导、同事和客人有效沟通；组织和引导团队有效沟通，提高团队的工作效率；及时解决沟通的冲突，排除沟通中的障碍等。

第六项商务活动管理，包括商务接待、商务活动安排、商务旅行、商务谈判几项内容。具体任务有：来宾信息收集，接待方案制订，迎送与宴请；商务会见、会谈安排，大型商务活动的组织和协调，商务信息发布会组织；剪彩、签字和庆典仪式安排；商务旅行计划拟订，出行事务办理；商务谈判方案拟订，谈判现场布置，谈判中的辅助与服务工作；商务礼仪等。

第七项常用文书拟写，包括各类常用公文拟写，事务文书拟写，经济文书拟写，规章制度拟写，公关礼仪文书拟写等。掌握各类文书的写作格式与写作要求，拟写并提交审核。

秘书学专业实践教学内容的组织采用渐进的方式，分阶段进行。秘书人员操作技能的形成过程要依据教育心理学的规律，可以把职业教育中操作技能的获得分为既有联系又有区别的三个阶段。

1. 第一阶段：认知阶段

这一阶段的主要目的是激发学生的学习动机、认知程序性工作的规律，从而理解不同程序性工作的特点，了解程序性工作的全过程，促进学生对所要学习的技能有全面的认识。教师通过示范、言语描述和操作分析，让学生了解操作技能的构成、各部分技能之间的联系以及关键点，从而明确整个操作技能的编制程序。同时，让他们了解操作的全过程以及组合成这一过程的简单动作，了解操作要求、操作工具、工作方法和方式等，为规范化操作打下坚实的基础。

2. 第二阶段：练习阶段

这一阶段，是在学生初步了解各个程序性工作的规律特点、明确完整的操作技能的基础之上，通过大量模仿和练习，使之减弱对操作技能的视觉依赖，让学生充分领会并能根据不同实际情况和突发情况较好地处理日常程序性工作，进而具有冷静的头脑、较好的协调能力和良好的人际关系处理技巧，能处理从日常具体事务、辅助决策到重大活动的组织协调等各类复杂问题。

这一阶段要求教师加强对技能由单一到综合、由局部到整体的讲解，引导学生将局部、分散的知识汇总成某一专业领域内连贯、程序化的工作任务。教师依照动作顺序分别组织训练，使学生形成正确的视觉形象，在此基础上，让学生通过自己的操作实践来模仿教师的示范动作，把正确动作的视觉形象与动作表象相结合，化为自己的局部技能。在这一过程中，教师应巡回观察、及时纠错，以防止错误动作成为习惯，影响完整操作技能的形成。

3. 第三阶段：熟练阶段

这一阶段主要是让学生在掌握完整的秘书学操作技能基础上，达到熟练程度。这时教师的角色不再只是知识技能的传授者、讲解者，更多的是学生操作能力的观察者、协调者，学生自我总结、自我评价的指导者。

在整个技能培养过程中，应经常对学生的知识、技能、技巧进行检测，了解教学效果，发现问题，以便下一步对教学进行调整。一般可以从局部动作训练开始进行量化评估，以对整个技能形成起到积极的推动作用。教师也可以采用多媒体等设施对学生的操作技能进行反馈。

三 专业拓展的教学内容

从秘书工作的特质和企业对人才的需求来看，优秀的秘书人员既是行业中的专家老手，也是一名"多面手"。秘书工作的职责范围除了最基本的办文、办会、办事之外，上到知晓国家政策、辅助领导决策、精通企业管理，下到做好企业公关、处理人际矛盾、知晓风土人情等都囊括在内。有些企业在招聘时会对人才作出特殊的要求，比如精通地方方言或外国语种、会汽车驾驶、擅长人际交往等。企业对秘书人才能力结构的要求是多方面、多层次的，职业学校要培养学生掌握专业基础能力、专业核心能力，也需要关注学生特殊能力的培养，使学生掌握丰富的职业相关知识，既能在秘书岗位上得心应手，也能适应未来的职业发展。

不同职业学校秘书学专业开设的课程体系存在一定的差异，但大体上可以整合成公共必修课程、职业基础课程、专业方向课程以及专业拓展课程四大模块。秘书学专业拓展的教学内容主要以专业拓展课为载体，不同职业学校开设的专业拓展课程略有差异，主要内容包括以下几个方面。

1. 形体训练

形体训练的主要目的是培养现代秘书学专业人才的形体意识与礼仪习惯，主要内容是进行形象仪态练习，要求学生熟练掌握仪表仪态，兼习现代交际舞蹈和表演，加强个人发饰、仪容、服饰、举止方面的修养，培养其良好的习惯。熟练掌握秘书职业形象设计，掌握在不同场合中的职业礼仪标准，通过个体演练与团体协作、情景模拟等实践方式，考核学生职业形态、举止、服饰、各种礼仪表现等精神面貌，要求展示秘书良好的待人接物等礼仪修养。

2. 普通话训练

以国家的语言文字政策为依据，贯彻理论联系实际的原则，系统地讲授普通话的基础理论和基本知识，结合普通话水平测试的要求和方法进行教学，不仅使学生掌握普通话的基本知识、普通话水平测试的方法和技巧，更重要的是让学生发现自己普通话发音存在的问题，掌握普通话练习和提高的方法，并通过大量的训练获得普通话口语表达的基本技能、克服不良发音习惯、养成正确发音习惯。

3. 速记速录训练

学习速记基本知识，掌握速记技术，具有熟练地使用速记符号进行会议、电话、会谈等记录的能力。熟悉《汉语拼音方案》，熟练掌握由 21 个声码、34 个韵码声韵相拼而成的"亚伟码"；做到能看打录入；采用循序渐进的教学方法使学生掌握听打录入技巧，在看打录入的基础上达到高速度听打录入，速记速度达到每分钟 180 字符。

4. 经济法常识

学习经济法、经济监督法、经济仲裁和经济审判等基本知识，了解企业法、公司法、外商投资企业法、工业产权法、经济合同法、技术合同法、涉外经济合同法、市场管理法、劳动法等相关法律法规的基本内容。

5. 广告基础知识

学习广告概论与广告媒体的种类、广告策划、广告管理法规等基础知识，熟悉广告设计与制作的方法、技巧及其规律，以及广告发布和广告效果测定、广告写作、广告纠纷与广告管理等。

6. 书法

掌握一般的书法知识与书写的技能技巧，培养学生良好的书写习惯，做到字体规范、字迹整洁、书写熟练。硬笔书法教学内容主要讲述硬笔书法的发展史，介绍历代著名书法家及其代表作品，分析其艺术特点。重点是硬笔楷书和硬笔行书，并进行大量的常见字的楷书和行书练习，进行创作专题讨论，分析学生在硬笔书法创作过程中遇到的实际问题，评价作品的优劣。每次讲课都进行一定数量的作品欣赏，分析其风格特点、用笔特点。

7. 摄影与摄像

掌握摄影与摄像的基本操作知识，熟练掌握专业照相机的摄影技巧、一般摄像机的拍摄技巧、摄影的用光，掌握利用计算机对照片进行加工、对视频进行编辑的基本方法。

8. 音乐

掌握一定的音乐基础理论知识，欣赏优秀的音乐作品，教唱 15~20 首优秀歌曲，丰富音乐素养，提高审美情趣，从而培养高尚的情操和品格。

9. 茶艺

了解中国茶文化，体会中国茶文化的博大精深，给学生艺术的熏陶和美的享受，掌握一些基本的茶艺表演，掌握茶文化与茶艺、茶叶审评等专业基本理论知识，掌握茶叶营销、茶叶审评等能力，帮助学生熟练掌握茶艺师鉴定考核要求，满足学生职业生涯发展的需要。

专业拓展内容的选择要以人为本，其开设的目的之一是促进学生综合素质发展，所以教学内容要渗透工匠精神，通过专业拓展课程强化学生的人文素质教育。专业拓展内容的选择要以学生为本，应该给予学生在专业拓展课程上的选择权，尊重学生的自主性，专业拓展课开设的目的之一是培养学生学习兴趣，因此在内容选择上要面向学生的兴趣爱好，通过调查学生的起点、学习能力、学习兴趣点和关注点等，对秘书学专业学生进行学情分析，选择符合学生兴趣的专业类拓展知识、交叉学科知识和其他知识。专业拓展内容的选择要贴近时代，其开设的目的之一是培养学生的知识迁移能力。社会和科技不断向前发展，人类知识体系也随之不断扩充，目前教材中知识内容通常落后于实际发展，很难体现行业中产生的新知识、新理念。所以选择与新技术、新事物有关的拓展内容，比如人工智能、互联网思维等，能够丰富学生的知识结构，使其及时了解秘书行业的新业态、新理念。

选择适合秘书学专业的各种类型的拓展内容是拓展学生专业视野、培养学生创新思维、增强学生适应社会发展的前提，全体师生需要正视专业拓展课程在人才培养中的地位。教师的教学态度、教学能力、教学方式以及教育机制都会影响教学效果，要想提高专业拓展课程的教学质量必须提高任课教师的素养，让教师明确拓展课并不是专业理论课或实践课的补充，高度重视拓展课，根据拓展知识水平、教学态度等方面选择符合要求的优秀专业拓展任课教师。同时，扭转学生对于专业拓展课的偏见，用新颖、实用的内容吸引学生，用教师专业严谨的教学态度影响学生，用网络学习、专家入课堂等教学方式让学生感受拓展知识内容的价值。

第四章
教学媒体和环境创设

　　媒体这一术语来源于拉丁语"Medium"，意思是"两者之间"，是指信息传播过程中，从信息源到接收者之间携带和传递信息的物质工具，由于信息无时无处不有，任何事物都可以发出或接收信息，故任何事物也都可以成为媒体。教学媒体特指在教学活动中教师向学生传递知识、培养能力或发展智力时所使用的工具。具体地说主要有语言、体态、板书、教科书、挂图、模型以及投影、幻灯、录音、录像、电影、电视、计算机等。

　　根据研究问题的角度不同，教学媒体的分类方法也有多种，常用的分类方法是按照媒体的物理特性进行分类，可分为视觉媒体、听觉媒体、视听媒体、交互媒体等。

第一节　秘书学教学媒体的种类与选择

　　秘书学专业可以利用的典型教学媒体种类如表 4-1 所示。

表 4-1　秘书学专业可利用的教学媒体分类

教学媒体	种类
视觉媒体	印刷品（教科书、教学参考书、实验指导书等）
	板书（石板板书、磁板板书、揭示性板书）
	模型（实物模型、标本、仿真模型）、AI、VR
	挂图（结构图、原理图、各种表）
	幻灯片、投影片、二维动画、三维动画

续表

教学媒体	种类
听觉媒体	语言、录音
视听媒体	电影
	录像(示范型、讲座型、图解型、参考片)、慕课、微课
	光盘
	短视频平台
交互媒体	计算机辅助教学、智能手机、平板电脑、白板交互设备
	多媒体教室、微格教室、校园计算机网络系统、腾讯课堂

各种媒体的特征如表 4-2 所示。

表 4-2 媒体教学特征

指标	媒体					
特征	印刷品	模型	实物	幻灯	视频	录音
颜色	有	有	有	有	有	—
立体感	无	有	有	无	无	—
动作	无	有	有	无	有	—
进度	自控	自控	自控	教师控制	器材决定	器材决定
临时可用程度	高	—	—	中	低	中
使用何种感官	视	视	视	视	视听	听

适合秘书学专业的教学媒体种类很多，既有视觉媒体如教材、模型、挂图、幻灯片；又有听觉媒体，如语言；还有视听媒体，如电影、录像、光盘；同时还有计算机辅助教学。教学媒体的多样化，为教师进行教学提供了多种选择。选择、组合和运用多种教学媒体的目的是促进教学过程的优化。因此，教师在进行教学媒体设计时要注意以下几点。

1. 整体优化原则

做到有用和优用，而不能乱用和滥用，切忌为追求教学手段的多样性而将多种媒体盲目混用，结果冲淡了主题、影响了教学效果。要以有用为尺度，优用为准则，从整体上把握做到最优化。

2. 有效性原则

教学媒体是教师得以有效地传递信息、提高教学效率的保证，为此，它必须是行之有效的。所谓有效，即是必须的，是能够增强教学效果的。因此，不管是运用哪一种或哪几种教学媒体的组合都要以有效为前提，以能更有效地开展教学活动为目的。

3. 恰当性原则

教学媒体要"适当"，即教学媒体必须与教学内容和学生接受心理相适应。媒体不是运用得愈多愈好，要做到"适度"，即媒体的运用必须有一定的限度。可用可不用的就不要用。在教学过程中运用媒体要做到"适时"，即要找准媒体介入的时机。适时地在教学过程中运用现代教学媒体，要全面计划，课前作充分准备，课上引导和讲解、指导学生感知。例如，光学投影教学软件是声像结合、以形为主的，比较直观具体。如何组织和实现信息的有效传播，是一个重要环节。在教学过程中运用恰当能集中学生的注意力，画龙点睛，起强化作用，否则将事与愿违。

4. 综合性原则

各种媒体各有所长，要扬长避短。例如：使用光学投影媒体进行教学，不能排斥或以其取代粉笔、黑板、挂图、模型等的传统教学媒体，也不排斥其他的教学媒体，要根据教学内容的需要配合使用。心理学研究结果表明，多种媒体并举，对增强学习者的学习效果、保持记忆十分有益。在综合各种因素的基础上，结合各种媒体的特点以能提高教学效果为前提，尽量地运用多种媒体进行教学。

第二节 智慧课堂融入秘书学教学过程

随着教育信息化的逐步深入，智慧课堂越来越广泛应用于教学实践中。合理使用智慧课堂对提高课堂教学效率、激发学生学习兴趣起到不可估量的作用，但使用不当反而会干扰正常的教学活动。因此，职业学校教师在使用智慧课堂时，要突出学生主体地位，以培养学生学习能力为核心，拓宽学生获取知识的渠道，推动学生开展多元化、个性化、智能化的学习。智慧课堂教学活动融合了课前、课中、课后三个阶段。课前阶段以学情分析为核心，制订教学方案；课中阶段以师生互动为关键，开展及时评价与反馈；课后阶段以个性化辅导为重点，帮助学生强化巩固知识点与拓展学习。因此，开展智慧课堂教学具体可以从课后、课中、课前三个阶段进行设置，通过与信息技术的深度融合，构建高效、开放、自主的课堂环境，提高教学质量和效率[①]。

一 通过以学定教的方式开展课前学习

1. 明确教学目标

在实施智慧课堂教学过程中，教师需要发挥好启发者、引导者、组织者的作用，用形象化、具体化的教学方法，激发学生的学习兴趣，引导他们发现问题，并运用已掌握的知识解决问题。

2. 设计学习活动

教师通过智慧课堂分析学情、收集学生的学习情况，根据平台反馈的数据制订科学合理的学习教案、个性化的学习干预策略，促进学生知识增长和提高知识的再运用能力。同时，还要设计高质量的学习任务，提高学生的知识实践操作能力，保证学生活学活用知识。

3. 搜索和组织学习资源

智慧课堂的学习资料来源广泛，包括教师上传的课件资料、学习平台自带的学习资源以及利用智能录播系统自动录制的课堂视频等。教师上传的教学资源是通过分析学生学情组织起来的，符合大部分学生的学习特点。智慧课堂自带的教学资源是从各类教育平台或 App 中获取和下载的，教师需要对这部分学习资料进行分类汇总或自主设计符合教学内容的课件、微课等。

---

① 许文芝：《论智慧课堂在高职教学中的应用》，《教育与职业》2021 年第 12 期，第 98~102 页。

二 通过沟通交流互动提高课中教学质量

1. 合理创设教学情景

教师利用多媒体进行趣味化情景教学，将枯燥的知识、技能讲解用动态化的画面呈现出来，激发学生的学习兴趣和热情，有助于学生对知识的理解，强化学生的记忆，达到提高学生综合素质的教学目的。

2. 开展互动式学习

在智慧课堂的教学环境下，教师可以通过互动讨论、分层练习、课前预习等环节，加强师生之间的沟通交流，分享教师和学生的学习成果。教师在课堂教学过程中可以组织知识竞赛、答题游戏、抢答练习等活动，营造和谐的师生互动环境。教师给予学生一定的自主权，引导学生参与到教学活动中，提高学生学习的积极性和责任感。另外，根据不同学生的学习情况，及时调整教学方法，培养学生以不同思维方式和思考角度解决实际问题的能力。

3. 构建学习共同体

在进行智慧课堂教学过程中，教师可以结合学科特点，组建合作小组，共享学习资源，根据互助竞争的学习规则，开展小组讨论、同桌交流等形式的学习活动，增强师生之间交流互动，拉近教师与学生之间的距离和情感。

4. 进行科学评价反馈

教师在应用智慧课堂进行教学时，可以根据教学内容和学生的学习情况，设定符合教学实际的评价标准，通过智慧课堂的评价反馈系统对教学过程和教学效果进行综合评价，形成精准的教学学习评价分析报告，为优化教学管理与决策提供服务。教师还可以利用教学日志、学生学习日志等评价形式进行教学反思，复盘教学过程和学生的学习路径，改善教学方法，优化教学思路，积累教学经验，提高自身教学水平。

三 通过以学促教的方式提高课后学习质量

建立课后学习分享群。教师可以根据学生的兴趣特点，建立专门的 QQ

群、微信群，如知识分享群、技能搜索群、阅读分享群等，让学生针对某些学习问题在群中提问，鼓励学生分享自己的学习经验和心得。学生还可以将自己录制的视频、音频上传到学习群，让其他同学和教师评价。教师可以针对学生在视频、音频中存在的问题进行指正，让学生了解自己的不足，有针对性地改正缺点，不断提高学生的综合知识应用水平。同时，教师还可以在分享群内推送最新、最前沿的学科知识和相关网站，让学生自主搜索下载，及时更新知识结构，扩大知识视野，加深学生的知识深度。

四　多媒体课件在秘书学教学中的应用

图文声像并茂的多媒体技术在职业教育中得到日益广泛的应用，打破了以教师为中心的传统教学模式，为课堂教学增添了趣味性和高效性，为教育的发展提供了有效的助力。所谓多媒体技术，是指信息的载体，可以是文字、图形、图像、声音等的集成，是集计算机技术、声像技术和通信技术于一体的。而基于多媒体技术的多媒体教学课件，是根据一定教学目标表现特定教学内容、反映一定教学策略的课件，它是利用计算机多媒体技术把文字、图形、声音、动画等多种表现媒体综合起来而形成的。多媒体演示课件以其丰富的表现力、生动的视觉及声响效果，大大增强了所演示教学信息的吸引力，在教学领域中发挥着越来越大的作用。

在秘书学教学过程中，利用多媒体课件可以促进教师教学理念的不断更新。随着现代信息技术的普及和推广，将信息技术和学科课程教学整合后，使用多媒体课件辅助教学，打破了以教师"一支粉笔、一本书、一块黑板、一张嘴"灌输知识为主的传统教学模式，使教师开始认真寻找和学习现代教学理念，从而促进职业教师理念的不断更新和完善。

同时，在教学中利用多媒体课件可以促进教师备课方式的不断改进。教师可以很方便地从报纸杂志或网上下载相关领域的最新信息，将其导入自己的多媒体教案。而且，可根据每堂课的教学内容及时进行修改和补充，使教案更实用、更有效、更充实。

利用多媒体课件还可以促进教学效果的提高。多媒体的出现，使教师不再单纯地把语言文字叙述作为课堂的主要教学方法，而是更多地利用多媒体技术将课本中的一些抽象的概念、复杂的变化过程、形态各异的运动形式形象化，从而调动学生的眼、耳、脑，使他们兴奋并唤起其学习兴趣，在变被动学习为主动学习的同时也拓展了学生思维空间，减轻了认知难度，使教学重点突出，教学难点得到突破，从而达到提高教学效果的目的。

虽然多媒体教学有很多优点，但在教学中运用多媒体教学手段的能力却普遍偏低，主要是因为职业学校教师大多数计算机操作和多媒体课件制作水平并不高，再加上学校办学条件不足等原因，能比较熟练地制作多媒体课件的教师并不多，能制作出优质课件的教师就更少。更重要的是，多媒体教学承载的信息量大，有的教师在制作多媒体课件时，把与专业理论或技能操作相关的所有材料尽数罗列。在授课时，将电脑屏幕代替黑板，使丰富生动的多媒体教学变成了照屏幕宣科，忽视了与学生间的感情交流，学生只有时间转动眼球跟着屏幕走，却没有时间去思考，更不要说记录课堂笔记了，学生成了观光者，这将使学生丧失思维的主动性和学习的积极性。

因此，教师正确使用多媒体课件就非常重要了。选择性使用多媒体教学手段，融合传统教学与现代多媒体教学的长处。多媒体教学手段虽然拥有许多强于传统教学工具的功能，但归根结底，它只是一种辅助教学工具而已。在运用多媒体教学中，并不是所有的教学内容都需要使用计算机多媒体教学手段来代替传统教学方法，应该正确认识各种教学手段的作用和地位，充分发挥其各自的特征功能，使他们相互补充、取长补短，合理地将多媒体与其他教学手段结合起来，才能获得更好的教学效果。

在多媒体教学中应坚持学生为主体的原则，让学生唱主角。在传统教学中，不少教师喜欢填鸭式教学，没有把学生当成课堂的主体。使用多媒体手段授课的教师，千万不能让多媒体教学变成独角戏，不能限制学生的思维，应该让学生有思考和提问的时间。

优秀的多媒体课件在解决教学难点、重点及扩大教学视野的同时，能让教师自主地教学，让学生在教师的指导下自主地对信息进行加工；适时、有效地应用多媒体课件开展教学能节约时间、提高课堂效率，是一种很好的辅助教学方式。教师应合理运用多媒体教学，将这种先进的现代教学方法与传统教学方法有机地结合，优势互补，不但能达到预期的教学效果，而且还会事半功倍。

第三节　秘书学教学环境的创设

教学环境主要是指学校教学活动的场所、各种教学设施、校风、班风、学风和师生人际关系等。教学环境是构成教学活动的重要因素，它对学生在学习过程中的认识、情感和行为，对教师教学活动的进程和效果均产生潜在的影响。可以说，教学环境的优劣在某种程度上决定着教学活动的成效。在教学实践中，教学环境对教学活动的顺利进行、对学生的身心健康发展都发挥着极其重要的作用。

学生的个人发展取决于教育与环境的作用，而教育与环境是通过学生自身素质的内化而起作用的。传统的教学，基本上是学校单一的封闭的模式，不利于学生主动、积极地发展。为形成一种多维影响的教育氛围并渗透到教育教学的各个领域，课堂是学校实施素质教育的主渠道。课堂教学应努力使学生经常处于学校、家庭、社会三结合的教育协调立体性当中。形成一个系统的整体，影响带动学生的心理过程，使他们感受到系统整体再现刺激的一致性，使学生在实现自身素质内化过程中形成的暂时联系不断得到强化，形成某种或某些良好的学习习惯和个性品质，促进学生素质的全面发展。

课程是完善课堂教学素质化的根本保障。学科课程、活动课程、潜在课程的设置与完善、强化与开发，构建起新的适应学生素质化教育要求的课程结构体系，才使素质教育的实施有了坚实的载体。在努力实现课堂教学素质化的过程中，始终把优化教学过程作为核心，做到以学生为主体、以教师为主导、以训练活动为主线，形成创设"两境"的教学特点。

在课堂教学中创设"两境"，一是创设教学情境，教师将教学过程情节化，激发学生学习的兴趣；二是引发学生良好的心境，为学生创设愉悦、宽松、合作、奋进的心理氛围，激活学生的思维，使他们对学习产生强烈的需要，从而推动着学生的思维、智力和能力不断地发展。

　　课堂教学应不断改善教与学、师与生的关系，形成和谐的、愉悦的、学生主动的、生动活泼的学习课堂教学氛围，这为实现课堂教学素质化创造了良好的教学环境。紧紧抓住"教"与"学"、"师"与"生"的关系，着眼于激发教育者的潜在能力和学生的积极性，增强学生在课堂学习中的动力和愉快的情感体验，使"教"与"学"真正产生和谐共振，使课堂教学这一特殊的"生命"涌动起来，促进学生全面素质的提高。采用先进的教学设备和现代化的教学手段，形成良好的校风、教风。和谐的教学环境，有利于促使学生产生好奇和强烈的求知欲以及浓厚的学习兴趣，鼓励学生在优良的教学条件下增强学习的责任感，启发学生更好地领悟有关知识，强化和巩固学习结果等。

　　学习环境包括物理学习环境和虚拟学习环境，课堂学习的物理环境主要是教室环境，智慧课堂教学模式的物理环境是智慧教室，虚拟环境指的是智慧学习平台[1]。下文通过智慧教室和智慧学习平台两个方面来介绍智慧课堂教学模式的环境支撑：传统课堂简单来说是由教师、学生、讲台、粉笔、黑板等元素组成，是一种原始教室形态。数字课堂是多媒体、投影、课件等数字化技术融入课堂环境的结果，即多媒体教室。智慧课堂所依托的物理环境就是智慧教室，理想中的智慧教室是由基础设施、泛在网络、教学平台、技术支持平台、移动终端设备等组成。以智慧教室为代表的环境创设技术通过有机融合物理与信息空间，提供智能化的情境感知、教学决策、人机交互、环境管控等功能，有效促进了智慧课堂发展。未来随着物联网、虚拟现实、生理感知等技术的进化，智慧课堂环境将从"物理—信息"双空间发展为"物理—信息—心理"多空间融合，进一步突破环境的物化属性，强调其对学习主体心理因素的影响[2]。基础设施包括桌椅板凳、灯、投影、计算机、

---

① 陈婷：《"互联网+教育"背景下智慧课堂教学模式设计与应用研究》，江苏师范大学硕士学位论文，2017。
② 刘三女、孙建文：《人工智能时代的课堂创变：解构与重构》，《国家教育行政学院学报》2021年第9期，第16~22页。

音箱、摄像头、无线路由器等，泛在网络提供多种网络连接方式，如 4G、Wi-Fi 等，技术支持平台包括数据的采集、存储与分析平台，教学平台包括教学实施平台和教学管理平台，移动终端设备有智能手机、平板电脑。随着"互联网+"时代的到来，众多开放的、个性化的、智能化的移动学习平台不断涌现，平台的功能不断完善，集签到、发布任务、师生互动、作业分发、投票、教学评价等功能于一体。目前关于智慧课堂教学的学习平台有很多，如表 4-3 所示。

表 4-3　智慧学习平台与特色

名称	功能介绍	平台	主要特色
雨课堂	智慧教学软件	微信公众号	简单熟悉的课件制作，名校课程随时用，PPT 制作零成本； 最便携的智慧教室，实时问答互动，学生难点反馈，支持弹幕； 最立体的教学数据，覆盖课前、课中和课后的每一个环节
微助教	课堂互动平台	微信公众号	多课堂管理、题目编辑简单快捷、学生数据可视化、微信端操作
课堂派	课堂管理工具	微信公众号	在线批改、师生互动、数据统计、课堂管理、资源管理、互动社区
蓝墨云班课	手机课堂	App	激发学生在移动设备上的自主学习兴趣； 数字教材学习进度跟踪与评价； 采用移动云技术，对学生教师全免费
超星学习通	在线学习平台	App	随时观看数百所名校名师的视频，聆听大师们的课程和讲座； 结合超星的海量资源； 全球最大的数字图书馆，可在线阅读和下载百万册电子图书

利用互联网技术构建智能化的教学场所，打破"一所学校、一间教室、一位教师、一群学生"的传统教学常态，是解决"如何教"与"如何学"的基础。智慧教学环境是一种综合性的教育环境，本质上，它是一种信息化

教学系统，包括内容呈现、资源获取、交流互动、情境感知、环境管理 5 个维度；支持校内的课内课外、校外的课内课外 4 个象限的教学；以教师、学生与管理人员 3 种人员为对象，运用探究式、情景式与远程协作式 3 种场景环境，依据多种层次的学习者，结合虚拟与现实、在线与录播的混合式教学模式①。直观上，它是一种具有识别学习者特征、感知学习情境、提供合适与快捷学习资源能力的互动工具。它还是一种可以自动记录学习者学习过程和测评其学习效果的学习场所。实际上，智慧教学环境就是支持者、技术、环境和资源等维度之间高互动的学习空间。基于互联网的智慧教学环境一般由以下几部分组成：教学资源、应用模块、云业务管理、服务器集群组与交互管理、基础设施、学习终端等。

从传统课堂到智慧教室，再到智慧教学环境，发展过程不单是教学形态的变化，更是一种技术推动的教学理念的变化。智慧教学环境中师生之间是一种平等的、交互的关系；智慧教学环境中的一切都是为"学"而设，如慕课、翻转课堂等都是以学生为中心的教学模式，它们改变了传统的教育观念与教学形态，使教育的平等、自由与开放得到充分体现。

---

① 陈一明：《"互联网+"时代课程教学环境与教学模式研究》，《西南师范大学学报》（自然科学版）2016 年第 3 期，第 228~232 页。

第五章
教学设计与组织

　　教学设计是指在教学之前，运用系统的观点和方法，遵循教学的基本规律，对教学训练过程中的各个环节、各种教学方法及步骤等进行预先筹划和安排，以期达成教学目标的系统过程。教学设计是成功实施课堂教学的基础，是从学科角度实施人才培养的规划蓝图，同时，也是教师教学能力和水平的综合体现。秘书学教学的教学设计应考虑以下内容。

第一节　教学目标的确定切合实际

一　教学目标的内涵

　　这里的教学目标指对一堂课教学的基本要求，是一堂课预期达到的结果。教学设计应首先重点考虑如何确定教学目标，可以说，这是教学设计的起点和归宿，是教学设计评价的核心。

二　教学目标设计的依据

　　教学目标的制订有四个依据：一是教学大纲；二是教材内容，它要求教师吃透教材，把握编者意图，顺着编者的思路去设计教学目标；三是学生实际；四是社会需求，要与时俱进、适应当地，根据社会需要，充实必要的内容。四个依据中，最主要的是要深入了解学生学习的实际情况。学校里的学生情况比较复杂，学习动机、学习程度大相径庭，加强对学生实际情况的研究，在教学中显得特别重要。

三　教学目标设计的原则

若要教学目标的确定切合实际，应包含下列三点内容。其一，切合学生实际。教师要认真分析研究教学大纲要求和学科、年级教学要求。认真分析研究学生学习实际，特别是职业学校学生知识基础残缺、知识系统断裂的实际，从而调整教学大纲要求，调整教学大纲和学生之间的平衡点，制订符合学生实际的教学要求。其二，切合培养目标实际。从宏观角度说，职业学校培养目标的定位为数以亿计的高素质劳动者，这就要求教学目标的设立一定要符合学生未来工作实际，要从人才层次规格和职业岗位要求实际出发，来定位教学目标。其三，切合未来发展实际。教学要求的确立要顾及学生的转岗就业以及适应岗位需要继续学习的实际，这也是课堂教学目标确立的一个重要的侧重点。

首先，提出的目标要明确。具体教学目标只有提得明确而具体，才有利于教师正确地选择教学方法、妥善地组织教学过程、准确地评价教学结果，才能使教师将教学的意图清楚地传达给学生，让学生主动地把握自己的学习过程。这样，能有效克服课堂教学的盲目性和随意性，增强针对性和实效性。明确、具体的教学目标应当指向具体的学习结果，切忌抽象空洞，给教师和学生以无所适从的感觉。教学目标要有明确的内容和要求，如记住几句话或若干词语，不能让学生认为遥不可及。然后，及时检测教学效果。让学生觉得，只要我付出，我认真听、记，就能品尝成功的果实，从而激发学生学习的积极性，起到落实知识点、强化学习内容的功效。要使教学目标明确、具体，就要尽量避免使用含糊不清的语汇。常见的"了解""掌握""理解"都是比较抽象的概念，用来规定教学内容要达到的深度无法直接观察。较为适合的词应如"写出""列举""比较""分类""从几个项目中选出"等。教学目标的范围不宜过宽，过宽则难以检查教学效果，不知目标达成没有，而觉得只是走了过程。也不宜过高，过高则学生认为自己能力远远不及，教师只好唱独角戏了。有人把教师教的叫"教案"，学生学的叫"学案"，"教"与"学"的目标分离，是不合适的。不需标新立异，只要脚踏实地地做好学生情况的调查，制订适宜的教学目标。

其次，教学目标要具有一定的弹性。要根据教学大纲的要求，从宏观上把握一个阶段内对学科教学规定的基本标准"下限"和最高标准"上限"，防止教学目标偏低或超纲。教学目标的下限，是每一个学生都必须达到的教学要求，它可以使学生了解达到怎样的水平才算基本合格；教学目标的上限是为学有余力的学生设定的最高教学标准，对学生起着激励和指导作用。教学目标的制订既要有统一的要求，又要注意适应个别差异，应具有一定的弹性。

最后，完整的教学目标应当有四个要素：教学对象、表达学习结果的行为、表现行为的条件、学习程度。教学对象可以是全班学生，也可以是部分学生，如"每个学生都要……""已经能做什么的学生要……"。表达学习结果行为应该是可观察到的，必须用能精确、具体地描述行为的动词来表达。描述行为的方法是使用一个动宾结构的短语，行为动词说明学习类型，宾语则说明学习内容，如"描述……的特征""解释……的含义""背诵……"等。表现行为的条件可以是环境、人、设备、文本、时间、问题等各种因素，如"……从具体事例中……""……通过户外观察……"。学习程度指出了学生成绩的最低水准，并使教学目标具有可测性，它与"好到什么程度""在什么时间内""质量要求如何"等问题有关，如"……记住文中词类活用和宾语前置的类型""……至少正确解答的题目"等。在一条教学目标中，表达学习结果的行为是基本要素，不能省略；相对而言，学习对象、表现行为的条件和学习程度是可选择的要素。

四　可利用的教学目标分类

1. 布卢姆教育目标分类学

1956 年布卢姆（Benjamin Bloom）出版了《教育目标分类学》，他提出教学目标应包括认知领域、情感领域、技能领域。认知领域的维度包含了知识、领会、运用、分析、综合、评价六个主要类目；情感领域的维度包含了接受、反应、形成价值理念、组织价值观念系统、价值体系个性化五个主要类目；技能领域的维度包含了知觉、定式、指导下的反应、机械动作、复杂的外显反应、适应、创新七个主要类目。

2001 年，新修订的分类学增加了新的"知识"维度，与原来的认知过程形成一个二维框架。知识是指学习相关内容时所涉及的内容，依照具体到抽象主要分为事实、概念、程序和元认知四个类别[①]。其中事实性知识指的是学生通晓一门学科或解决其中的问题所必须了解的基本要素；概念性知识指的是在一个更大体系内共同产生作用的基本要素之间的关系；程序性知识指的是做某事的方法、探究的方法，以及使用技能、算法、技术和方法的准则；元认知知识指的是关于一般认知的知识以及关于自我认知的意识和知识。认知过程是指学习时学生所要达到的学业行为表现，依据认知复杂程度由低到高顺序排列为记忆、理解、应用、分析、评价和创造六个类别[②]。新修订的分类学中形成的分类见表 5-1。

表 5-1　布卢姆教育目标分类学修订版二维框架

知识维度	认知过程维度					
	记忆	理解	应用	分析	评价	创造
事实性知识						
概念性知识						
程序性知识						
元认知知识						

1964 年，克拉斯沃尔、布卢姆等人出版了情感领域的教育目标分类《教育目标分类学第二分册：情感领域》，在该分类中，情感领域的教育目

---

① 黄月枝：《布卢姆教育目标分类学在初中历史教学设计中的应用》，广西师范大学硕士学位论文，2021。

② 〔美〕安德森等编著《布卢姆教育目标分类学：分类学视野下的学与教及其测评》（完整版），蒋小平等译，外语教学与研究出版社，2009。

标被分成了五个层次，分别是：接受、反应、形成价值观念、组织价值观念系统、价值体系个性化，这五个层次由低到高，反映了学习者对某一价值观的内化水平①。

接受，在此过程中，教师要关心的是如何使学生愿意接受刺激这一反应，并能够集中自己的注意力；反应，是信念、价值观的低级阶段，这里的反应不再仅仅停留在感知、觉察阶段，而是对于学生感兴趣的刺激表现出一种积极的注意，并能够积极参与这些活动；形成价值观念，当学习者对某种现象或刺激做出的行为始终如一时，就会从情感上对这种行为做出价值判断、价值评估，它意味着学习者看到了此种现象或刺激的价值并坚持原有的行为；组织价值观念系统，当学习者连续地将价值加以内化时，会遇到不同的价值情境，这需要把各种价值按照前后一致的方式进行梳理，组成一个和谐的体系或者一个整体，并确定不同价值之间的关系，找出居于主导地位的价值；价值体系个性化，指学习者把自身价值体系中的信念、品质和感情组合成一个完整的哲学观或世界观，使其在相当长的时间内支配自己的言行。

在设计教育目标分类时，布卢姆等人认识到动作技能领域是存在的，但并未提出具体的目标体系。1972 年，哈罗（A. J. Harrow）对动作技能进行了不同程度的划分，共划分为六级。但由于反射动作和基础性动作并不是后天习得的，而是随着身体发育自然形成的，所以在教学中不设计反射动作和基础性动作这两方面低层次目标。另外四类动作技能分别是知觉能力、身体能力、技能动作、有意交流。

布卢姆教育目标分类学是知识与认知过程的有机结合，为秘书学专业教学设计提供了一种新的理论指导。应用布卢姆教育目标分类学在秘书学专业教学设计中，可以增加秘书学专业教学的明确性、层次性与可分析性，有效解决秘书学专业教学混乱、含糊的问题，为秘书学专业教学提供有效教学方法。布卢姆教育目标分类学也是系统的理论，注重教学目标、教学活动、教

---

① 张洁：《运用布鲁姆教育目标分类学设计古诗教学目标的研究》，华东师范大学硕士学位论文，2016。

学测评的一致性，这有助于设计系统的秘书学专业教学。

2. 德国职业教育的目标体系

德国的职业能力强调针对"以职业形式组织"的工作，以此为基础的职业教育培养目标是"学会从事一门职业"①。德国马格德堡大学企业教育学与职业教育学研究所教授巴德（Rainer Bader）认为，在职业领域，"行动能力"是"人类在职业情境中从事熟练而职业化的、个体深思熟虑的以及承担社会责任的行动的本领和状态，一方面它是个体在社会关系中的学习过程和发展过程的现实结果，另一方面也是个体能力开发的前提"②。德国在20世纪90年代末期各州文教部长联席会议中，制定了《职业相关性课程的框架教学计划制定指南》，指南中将职业行动能力划分为专业能力和个性能力以及社会能力三个部分③。在此之后巴德教授对职业行动能力进行了进一步的研究形成了以下的职业行动能力矩阵模型（见表5-2）。

表5-2　职业行动能力模型

	专业能力	个性能力	社会能力
方法能力	方法分析 策略知识	自我反思的方法 规划自我发展的能力	分析团队结构 结成社会关系
学习能力	获取信息 找出关联	发展自己的学习兴趣 设计自己的学习进程	理解、设计小组学习进程 认识学习缺陷并提供帮助
交流能力	理解专业概念 理解+诠释表情动作	调节自己与他人的利益 在理解异国文化的前提下使用外语	理解沟通的含义 在小组内做出决定

目前社会已经进入数字化、智能化、网络化时代，产业革新飞速发展。德国在2013年提出"工业革命4.0"概念以来，以区块链、物联网等为代表的新兴信息技术产业迅猛发展，新兴技术呈现爆炸性增长，产业升级趋向

---

① 赵志群：《职业能力研究的新进展》，《职业技术教育》2013年第10期，第5~11页。
② 安四明、张艳、和凤英、何俊雄：《基于"职业行动能力"理论模型的高职院校教师境外教学能力评价指标体系构建》，《教育教学论坛》2018年第20期，第243~246页。
③ 甘玉华：《江西省高职院校学生职业行动能力现状、问题及对策研究》，东华理工大学硕士学位论文，2021。

于智能化、个性化、物联化①。作为技术技能人才培养的核心教育领域，德国的职业教育也做出了相应的革新。

第二节　选择专业的教学内容

职业学校专业教育的主要内容不是学科理论体系，不是系统化的学科知识，而是以实际生产实践过程为逻辑主线、以实际工作过程为参照系，组合成以实践过程为主导的教学内容体系。在专业课教学中坚持实践主体导向，首先要在观念层面和实践操作层面正确理解、认识、处理理论教学和实践教学的关系。职业教育是以培养应用型、技能型人才为主的教育。衡量职业教育的人才质量标准不是学科理论知识掌握多少，社会行业企业对这一层级人才的要求也绝不是考查其对概念理论的理解及应用情况，更多的、更重要的是胜任岗位要求的从业能力，即完成工作任务必备的岗位能力。这种适应岗位需要的劳动能力，不是系统化学科理论知识学习铺垫所致，主要是在学校实习实践中，在大量的反复的技能训练过程中形成的。这是职业学校专业教育的特点、规律和基本要求。

科学合理地选择教学训练内容，首先应考虑教学训练内容的确立要符合教学目标要求。教学内容从属于教学目标，服务于教学目标，是教学目标的具体展开。选择教学训练内容还应权衡容量、密度和难度：教学训练容量过小、密度过小、难度过易，会造成教学训练结构松散，学生学无兴趣；教学训练容量过大、密度过大、难度过难，会造成教学训练障碍，久而久之，会挫伤学生积极性。只有适合学生实际的教学训练内容才会促进教学目标的达成。最后，选定教学训练内容还应突出职教教学特点。具体指教学训练内容的确定应体现职业性实践性特点，体现出对学生职业能力的培养，体现对职业意识的渗透，要把职业能力的培育与职业道德的培养紧密结合起来，把培

---

① 嵇新浩：《适应性专长视野下高职学生职业行动能力发展研究》，华东师范大学博士学位论文，2019。

养学生的实践能力、专业能力、敬业精神和严谨求实的作风作为重要的教学训练内容。

对秘书学专业的教学，教师在选取教学内容时可以根据典型工作任务来确定。典型工作任务是用完整的、有代表性的职业行动描述的一个职业的具体工作领域，也称为职业行动领域。典型工作任务是工作过程结构完整的综合性工作任务，反映了该职业典型的工作内容和工作方式，完成任务的方式方法和工作的结果多具有开放性；完成典型工作任务的同时也能促进从业者的职业能力发展。典型工作任务是针对职业而言的，它来源于企业实践，但不一定是实际生产中出现频率最多的岗位工作任务。基于工作过程导向的秘书学专业课程开发反映了典型工作任务的确定以及组织教学过程，具体内容在后文阐述。

第三节　使用恰当的教学方法

对秘书学专业的教学设计而言，教学方法的选择至关重要。教学活动中的两大因素是教师与学生，而联结教师"教"与学生"学"的重要纽带是教学方法，它是实现教学任务的必要条件，是提高教学质量和教学效率的重要保证，教学方法的优劣将极大影响到学生职业能力的全面发展。要想提高学生的实践技能和职业能力以更利于就业，并使其在就业中具有竞争优势，就要进行教学方法的改革。

秘书学专业的教学宜采用行动导向教学法。"完整的行动"、综合职业能力必须依靠每一次教学来培养，围绕选定的训练学生能力的任务，设计"能力的实训过程"，整个实训过程要以学生为主体，选择行动导向的教学法，主要有任务教学法、项目教学法、基于项目的引导文教学法、角色扮演法、案例教学法、情境教学法、实验法、四阶段教学法等，做好教学过程设计，以实现技能、知识一体化，教、学、做一体化，将专业能力、方法能力、社会能力、个人能力集成于学生"能力的实训过程"中。

行动导向学习理论是行动导向教学法实施的理论基础。行动导向的学习强调以人为本，认为人是主动的、不断优化和自我负责的，能在实现既定目标过程中进行批判性的自我反馈，学习不再是外部控制而是一个自我控制的过程。其主要特点是：

（1）教学内容与职业实践或日常生活有关，教学主题往往就是在工作过程中经常遇到的问题，甚至是一个实际的任务委托；

（2）关注学习者的兴趣和经验，强调合作和交流；

（3）学习者自行组织学习过程，学习多以小组进行，充分发挥学习者的创造性思维空间和实践空间；

（4）交替使用多种教学方法，最常用的有任务教学法、项目教学法、基于项目的引导文教学法、案例教学法、角色扮演法、情境教学法等；

（5）教师从知识传授者的角色转为学习过程的组织者、咨询者和指导者。

对基于工作过程导向的秘书学专业课程开发的教学优化，主要采用头脑风暴法、案例教学法、模拟仿真法、参观法、引导文法、角色扮演法、项目教学法、实验法等教学方法。这些教学方法改变了以往先学后做的模式，强调边做边学，以学生为中心，教师进行指导，学生在行动中体验、思考和学习，逐步提升职业素养。例如，行动导向的引导文教学法，就是通过秘书学专业的书面文本的引导，解决秘书学工作的实际问题。引导学生通过完成工作过程相对固定的六个步骤，即资讯、计划、决策、实施、检察、评估，使学生获得独立完成秘书学任务及团队合作的专业能力、方法能力、社会能力。教学优化进一步激发了工作过程课程自身的活力因子，实现了课程开发的目的，将会有良好的教学效果。

第四节　确定专业的教学策略

确定教学策略是教学组织工作的重要一环。要实现秘书学专业教学目标，教师就一定要根据每一堂专业课的教学内容来选择恰当的教学策略，否则，学生将无从掌握或学得相应的知识、技能和态度。下文介绍基于理论讲授、基于实务训练、基于工作过程、基于体验的四大类型教学模式，对其内涵、工作过程、优缺点进行比较，并指出各教学模式适合的教学内容，秘书学教师可根据不同的教学内容选择适合的教学策略。

一 基于理论讲授的教学模式

秘书学教师在讲授"秘书概论""公共关系基础""管理学基础"等知识性和理论性较强的课程时，可以采用基于理论讲授的教学模式，即"讲解—接受教学模式"和"理论—思辨教学模式"。

1. 讲解—接受教学模式（见表5-3）

表5-3　讲解—接受教学模式

名称	讲解—接受教学模式
内涵	以教师为主导，通过教师讲授传递知识，引导学生观察、感知、理解和领会，组织学生练习、巩固和运用所学知识，最后由教师检查或指导学生自我检查学习效果
工作过程	复习旧课→引入新课→讲授新课→巩固新课→检查反馈
优缺点	优点：学生可在短时间内接受大量信息，能够培养学生的抽象思维能力 缺点：学生对接受的信息很难真正地理解，不利于发展学生的创新性、分析性思维能力以及解决问题的能力

2. 理论—思辨教学模式（见表5-4）

表5-4　理论—思辨教学模式

名称	理论—思辨教学模式
内涵	在教师精心设计下，营造平等、民主的教学氛围，通过师生之间、生生之间的思辨，充分了解和挖掘学生的学习潜能，实现主体与主导的和谐统一，培养学生的个性
工作过程	引入新课→设置问题→讨论分析→总结提高
优缺点	优点：有利于培养学生钻研精神和自行获取知识的能力；有利于学生集思广益，取长补短，提高认识 缺点：对教师的要求较高，要求教师要有比较高明的教学策略，要能策划富有暗示性而又有相当程序的探索性背景材料，使学生能够利用材料发现问题；对学习对象要求较高，学习对象应该具有较强的探索问题的能力

二　基于实务训练的教学模式

秘书学教师在讲授"秘书实务""应用写作""秘书礼仪""演讲与口才""办公自动化技术""速记"等课程时可以采用基于实务训练的教学模式，即"模拟—演练教学模式"和"动手—操作教学模式"。

1. 模拟—演练教学模式（见表5-5）

表5-5　模拟—演练教学模式

名称	模拟—演练教学模式
内涵	教师借助一定的实物模型或实验器材作课堂示范，教师讲解、演示，学生操作、练习，教师适时给以点评，旨在培养学生技能、技巧
工作过程	定向示范→模拟练习→自主演练→总结指导
优缺点	优点：教学具有目标集中、生动具体、视觉感强、指导性高的特点；学生主动参与从而提高学生动手能力以及分析和解决问题的能力；便于对学生指导和纠正 缺点：课堂教学时间紧张，要有充裕的时间准备模拟演练；学生能力的差异会导致学生的受益和锻炼的机会不均等，会产生两极分化；会养成学生学习行为的依赖性、思维活动的单调性、观察事物的片面性和处理问题的呆板性

2. 动手—操作教学模式（见表5-6）

表5-6　动手—操作教学模式

名称	动手—操作教学模式
内涵	根据教学中学生的心理活动来设计问题情景与操作内容，使学生在教师创设的问题情景与提供的定向指导中通过动手操作了解知识的形成过程
工作过程	创设操作环境→动手操作→总结指导
优缺点	优点：有利于学生实践能力的培养；操作使知识容易理解和记忆，而且在操作中培养了学生的创新意识，操作活动有助于发展学生的实践思维 缺点：有时教学条件受限，如无法找到操作工具；必须充分注意各个学生的特殊性

三　基于工作过程的教学模式

基于工作过程的教学模式是当前职业教育发达的国家和地区使用的一种较普遍的教学模式，其中典型代表是德国，我国上海和天津等地也在这方面进行了一定的研究与实践。基于工作过程的教学模式实施的前提是教学设计指向实际工作需要而不是学科系统。教学内容的选取主要来自岗位的实际工作过程，并以能够反映工作过程、工作步骤、工作方法的知识为主。

秘书学岗位工作尽管繁杂、琐碎，但从内容上基本可以分为办文、办事、办会三大部分，这三部分工作都具有明显的过程性和实践性特征。如文书工作与档案管理包括从文书的拟写、处理到文件立卷、归档；会议工作则包括了从会前筹备、会中组织到会后总结、反馈等；信息工作涉及信息的收集、整理、分类、传递、存储等；调研工作则包括了从提出问题、制作调研计划到开展调研、整理调研结果、提供决策使用等一系列过程。

上述秘书学专业这种过程性和实践性的特征很适合于实施基于工作过程的教学模式。但是，如果要实施基于工作过程的教学模式，秘书学专业教师就必须要打破秘书学专业原有课程和教材的章节体系，使其按工作项目安排，项目的设计主要以秘书学工作的核心技能办文、办事、办会为载体，以实践作为课程教学的主线，通过实践带动知识与技能的学习。在设计工作任务时，可以尝试采用虚拟情境的形式，学生在学习过程中扮演虚拟企业中的秘书等相关角色，完成虚拟的工作任务。教学实施过程中，可以根据不同的秘书学工作内容将其工作过程进行以下分解。

1. 基于工作过程导向的课程

基于工作过程导向的课程就是要按照工作任务对知识进行对应式的选择和重新序化，具有工作过程和学习过程的整合性、整体性，使学生在完整、综合的工作过程中实现有效学习。

基于工作过程导向的课程开发的主要流程可概括为六个环节，即职业岗位调研、典型工作任务分析、划分行动领域、转化学习领域、设计学习情境、实施教学优化。课程开发的根本出发点是职业岗位调研，它是进行课程开发的重要依据，是职业教育课程体系循本溯源的过程。它要尽可能挖掘职业岗位的所有信息，包括调研职业岗位群或学生工作岗位的工作情况、工作环境、工作任务等，在此基础上筛选并梳理出典型工作任务。典型工作任务是工作任务中最具有代表性的、出现频率最高的工作内容，由这些典型工任务归类划分出行动领域，再经过教学整合转化成学习领域，通过具体学习情境的课程设计、教学方法的研究，整合课程资源，达到教学实施的优化。

2. 职业岗位调研

调查显示秘书学专业毕业生的就业岗位基本上可分为三种类型，一是核心岗位，主要做办公室文员和客服工作，基本是在所学专业范围内开展岗位工作，可谓专业基本对口；二是外延岗位，主要做事务性杂项工作和出纳工作，岗位工作内容要求学生具备会计出纳基本技能；三是拓展岗位，主要从事会计和行政秘书岗位工作，其原因是秘书学专业学生工作 3~5 年后实现了岗级晋升，其所学专业知识总是随着所从事的岗位工作与职务的晋升和变化在不断地转型与扩充，需要补充必要的专业知识与技能，但总体上仍相对稳定在专业大类范围内，变化的只是不同的岗位工作所对应的小专门化方向。秘书学专业办公室文员职位的职位描述如表5-7所示。

表 5-7　秘书学专业办公室文员职位的职位描述

专业名称	文秘
职业岗位	办公室文员

任务描述：
从事办公室程序性工作、协助处理政务及日常事务并为领导决策及实施提供服务的人员
①办公室环境管理　　　　　　　　②接打客户电话
③接待来访　　　　　　　　　　　④文件的收发、整理
⑤文件的立卷与归档　　　　　　　⑥印信管理
⑦会议的服务工作　　　　　　　　⑧正确使用办公自动化设备
⑨信息的收集处理　　　　　　　　⑩简单的文书拟写
⑪办公室设备的使用与管理　　　　⑫协助领导日常工作

工作条件：
①在中小企业办公室完成办公室各项事务工作
②在企事业单位前台完成接待工作
③大多数时间在办公室及前台等场地工作
④办公室内配备有电视机、录音机、录像机、摄像机、投影仪、计算机、打印机、复印机、传真机、碎纸机、光盘刻录机、数码相机、扫描仪等设备

员工条件：
①仪表端庄、气质优雅、举止得体、有亲和力
②具备文字与语言沟通能力、综合协调与合作能力、逻辑思维与分析能力等
③具有较强的团队协作意识，有沟通能力，有较强的责任感、服务意识和细心的工作态度

3. 典型工作任务分析

根据工作任务在岗位中的重要程度、出现频率，对秘书学专业确定的岗位工作任务进行分析，分别确定相关的典型工作任务（见表5-8）。

表5-8 秘书学专业核心岗位的典型工作任务

岗位名称	典型工作任务
办公室文员	①办公室日常事务管理 ②客户接待 ③文书与档案的处理 ④办公室日常文书的撰写 ⑤会议的服务
客户服务	①前台接待 ②客户管理服务 ③CallCenter服务 ④银行引导员服务
行政秘书	①文件的起草 ②会议的组织与承办 ③协助领导决策及日常工作安排 ④信息的收集和处理

4. 划分行动领域及学习领域

按照工作内容、工作对象、工作环境、工作过程、工作方法等相似相同点及工作内容相承接、相联系的特点，把典型工作任务进行归类、整合成行动领域，再转化为学习领域。学习领域与来自企业真实的工作任务的行动领域相对接和转化，使之由"工"的内容转化为"学"的内容，实现工学结合，其连接的桥梁就是典型工作任务（见表5-9）。

表5-9 秘书学专业办公室文员职位的行动领域与学习领域对照

行动领域	学习领域
日常事务的处理	日常事务的处理

续表

行动领域	学习领域
会议的承办与服务	会议的承办与服务
客户接待与管理	前台接待与服务
	客户接待与服务
	引导员服务与管理
	CallCenter 服务技巧
文书与档案管理	文书与档案管理
办公室日常事务文书拟写	办公室日常事务文书拟写
文件的起草	专业应用文拟写
办公自动化设备的使用与日常保养	办公自动化设备的使用与日常保养

5. 设计学习情境

对行动领域进行职业能力分析，进而对学习领域课程进行描述，由学习目标、工作任务陈述的学习内容、实践理论综合的学习时间（具体学时）三部分组成。学习目标与行动领域的职业能力相对应，学习内容则对应着工作内容。这些都是基于调研典型工作任务分析获得的，是学生要在课程模块中学习的主要内容，在此基础上，可以制订学习领域的框架计划，开发出教学计划进度表。下一步是将学习领域开发为学习情境，进行学习情境的规划和设计。学习情境是以某一项目、产品、服务等为载体，真实反映完整工作过程的学习单元，学习情境规划是根据职业特征及完整思维分解学习领域为主题学习单元的过程，是将课程内容以某一真实企业活动为载体具体落实的过程。根据这种理念，将秘书学专业 10 个学习领域进行学习情境的序化设计，在教学中将每个情境划分为若干子单元，然后进行每个单元的教学设计。学习情境的序化设计见表 5-10。

表 5-10　秘书学专业办公室文员职位的学习情境的序化设计

学习情境	办公室日常事务的处理	办公室日常事务文书拟写	文书与档案管理	前台接待与服务	客户接待与管理	引导员服务管理	CallCenter服务技巧	专业应用文拟写	会议的承办与服务
学习领域1	来客接待	办公室值班表拟写	收文的处理	电话的接听与转接	招聘服务工作	银行引导员服务	接线员岗位职责	事务类应用文拟写	小型会议的承办与服务
学习领域2	接打电话	电话记录拟写	发文的处理	来访者接待服务	客户接待与服务	医院导诊服务	值班长岗位职责	行政公文拟写	中型会议的承办与服务
学习领域3	信件处理	备忘录拟写	临时文件的处理	投诉者的接待与服务	VIP客户服务	写字间引导员服务	管理岗位职责	经济类应用文拟写	大型会议的承办与服务
学习领域4	印信的管理	事务性通知的拟写	归档文件的处理	—	—	—	—	法律类应用文拟写	—
学习领域5	领导日常活动安排	邀请函的拟写	—	—	—	—	—	—	—

以上几个要点是利用基于工作过程的课程开发中对教学内容的选择方法，即通过确定典型工作过程来确定学习内容。这种以实践为主体的专业教育内容，适应学生学习实际和学习基础现状、适应职业学校培养目标要求，同时也是对传统专业教育中理论导向的一种挑战。在传统的专业教育中理论是基础、是主导、是专业教育的起点，实践是理论的延伸和应用。这种专业教育方式脱离学生实际，无益于技能型人才的培养，这是多年职教办学实践证明的事实。专业教育应该以实践为主体，坚持以实践工作过程为导向，不要追求理论知识的系统化，要根据专业实践的需要来选择必要的、必需的理论知识，理论知识要服从于专业实践的需求，这是技能型人才培养的需要，是当前职业学校专业教育的方向。

四　基于体验的教学模式

众所周知，体验教学是以学生为主体、以活动为载体，让学生通过自己的感受领悟知识，再回归实践的教学方式，是教师、学生共同参与的活动，它不同于单纯的个体解读活动。有学者认为，体验是一种注入了生命意识的经验，是一种激活了的知识经验，是一种内化了的知识经验，是一种个性化的知识经验。下文结合秘书学专业课程教学实践，介绍两种体验教学模式。

1. 形象性体验

品读的过程实际上是入境，对实践活动进行感知与体悟，是对"言语对象的一种直觉同化"。教师在教学过程中要充分发挥学生想象和联想的心理功能，创设情境，使学生把语言符号转化为内心的视觉形象，从而对意境进行审美感知。接受者只有以作品的语言符号作为中介和诱导，引发自己的想象和联想，才能最终在头脑中形成鲜明的形象，使本来以色彩、线条、词语等凝固的形式存在的作品以形象的形式生动鲜活地复现在接受者的脑海之中。

所以，在体验教学中，只是想到要让学生对情境进行想象还不行，教师必须学会创造条件，采取直观的、形象的方式，抓住关键语句引领学生去想象、玩味。教师可以调动学生的各种感官，让学生在视听空间里完成对情境意义的建构。

2. 参与性体验

体验的根本在于让学生能够设身处地感受、体验实践活动。如礼仪课中，作为办公室人员所要遵守的坐姿、立姿、蹲姿、走姿、接待、握手等标准礼仪。每节都从标准姿态、不标准姿态、注意事项、现场演练等环节进行教学，强化为人处世所应该具备的最基本的道德典范。在教学中要求无论是哪种姿势，教师都会让学生一一上台表演正确的姿态，并对标准的姿态给予了肯定的评价。要求人人参与实践演练，使学生真正地进入情境。

其实，"体验教学"的过程就是"知识建构"的过程。为学生创设多样化的情境和学习机会，同时给予适时的指导与激励的评价，让学生在情境中求知，在求知中体验，在体验中自然和谐地发展。教师若能巧妙运用体验教学，课堂教学效果将立竿见影。[①]

以上四种类型七种教学模式各司其职、各具特色、各有优势，也各有不足，任何一种教学模式都不是万能的，科学合理地选用教学模式可以帮助教师教学，提高教学质量。另外，还有很多其他类型的教学模式，例如，多媒体辅助教学模式，就是通过多种媒体的有效组合使学生利用多感官进行学习，提高学习效率，如在秘书专业的主干课程"公共关系"的"危机公关"教学时，教师可以利用一些影视作品中的危机题材，增加讲授内容的背景，可收到事半功倍的效果；还有，案例教学模式也可以应用到"秘书基础与实务"的办文、办会中，以生动形象的例子来导入，引发学生兴趣，启发学生思考；动手—操作教学模式又可以应用在秘书的接待、开会、日程安排等项目教学中。

总之，确定教学策略的过程是一种特殊的认知过程，作为秘书学专业教师，必须要掌握不同的教学模式的构建理论、操作程序、优缺点等，才能适应各种教学情景、才能保证教学过程优质高效。

第五节　运用合适的教学评价主导思想

教学评价是教学活动中极为重要的一个环节，其作用主要表现在以下几个方面。教学评价能调控教学过程，对影响教学活动的因素，如教学内容、教学方法、教学环境等进行调整，使教学活动按照预定的目标前进；教学评价可以引导学生学习的方向，激励学生学习和监督学习过程；教师能通过教学评价诊断教学过程中存在的问题；教学评价的结果可以给予教师和学生相应的反馈信息，检验教师的教学质量和学生的学习效果，帮助教师和学生改

---

① 叶会乐：《中职文秘专业教学有效性的实践与研究》，《才智》2009年第23期，第100页。

进不足，共同提高教学效果。

多元评价是指以学生为中心，为促进学生全面发展，从不同的角度、从不同的方面来全方位地评价学生，这种学习评价主要表现在以下三个方面。首先，评价主体的多元化，具体是指评价主体不仅可以是学生的班主任和授课教师，还可以是学生自己、同学和学生家长。只要能和学生学习活动有接触的人都可以是评价主体。其次，评价内容的多维化，学生技能的高低不能从单个方面去进行评价，因为每个人都有他的长处，也有他的短处，所以应该综合各个方面内容对学生进行综合评价。最后，评价方法的多元化，按照不同的评价主体，评价方法也可以分作以下两种：分别是他人评价与自我评价。自我评价是指学生根据老师事先公布的评价标准表，对照自身在学习过程中的各项表现进行评价判定，具有一定的真实性，能够调动学生学习积极性；他人评价是指学习者以外的人所进行的评价，具有一定的权威性，能够从他人的不同角度进行评价。

作为一名秘书学专业课教师，要对学生学习效果进行有效评价就要重点关注以下内容：学习评价的最终目的是什么？完成评价以后想要达到什么目的？具体的评价内容是什么？由谁来进行评价？依据的标准是什么？综合思考以上问题，并从评价目标、评价主体、评价方式三大方面去构建评价体系。

一 多元评价目标

在制订秘书学专业多元评价体系时，首先要完善多元评价目标，结合学生的各方面情况，包括自身特征值、认知能力等，将教学大纲与新课程实施目标作为依据，给出评价的最终目标。目标的制订，一方面要有助于教师确定教学目标，把握教学重难点内容，另一方面也要能帮助学生找到学习的目标，做到有的放矢。所以，秘书学专业课程多元化评价的目标比较明确，重点是知识性、技能性以及情感性，具体内容见表5-11。

表 5-11　秘书学专业课程多元化评价的目标

目标	具体内容	各项目标细化
知识性目标	了解水平	对实际中出现的知识能有所认识;能对某一概念的内容举例子;能对对象的基本特征进行描述等
	理解水平	能联系新旧知识,在此结构中推断事物的逻辑关系,并能进行解释扩展等
	应用水平	把所学的理论知识、技能操作应用到不同的问题环境中,并进行合理的分析
技能性目标	模仿水平	利用现成的示范或者引导执行具体的操作,比如:演示、调试、模仿等
	独立操作水平	完全独立操作;基于现有的评价制度积极完善与改进;理论结合实际
	熟悉操作水平	按照有关要求与标准熟练掌握技术与工具
情感性目标	经历水平	参与某个活动或者项目的整个过程,直观地认知事物
	反应水平	基于经历水平,获取自我感受,进而做出对应的反应等
	关注借鉴欣赏	养成良好的行为习惯,培养人生观与价值观;能积极给别人有效的帮助

二　多元评价主体

从以上调查结果来看,学生一方面很在意教师对他的评价,另一方面也在意其他同学对自己的评价。在新课程改革中,要求教师要以学生为中心,不要把学生看成单纯的被评价者,要让学生体验到自己既是被评价者又是参评者。要让他们积极参与到评价中,发挥他们的主动性,引导学生积极开展批评与自我批评,通过自己的努力与付出,提高自己的综合能力。

因此,将评价的主体选定为一线教师、学生和相关的专业人员,按照课程的差异来选择评价的主体,进而明确评价主体的权重。例如,理论型课程更多的遵循教师与学生的意见;综合实践型课程则比较全面,关注所有的评价主体。

三　多元评价方式

建构主义指出在整个学习过程中,教师的作用只是辅助,而真正学到知识的过程是需要靠学生自身来完成的。所以，制订与实施多元化评价制度与模式时，一方面要关注期中考试、期末考试、对档案袋的检查及分数统计，另一方面也要关注过程与结果，确保评价制度完整高效，重点注意学生在课堂上的表现和在完成作业当中的参与度。积极引入多元化的评价模式与工具，确保学生在技能、情感等方面得到全面发展。

第六章
行动导向教学法在专业教学中的应用

行动导向，又为实践导向，或者行为导向。行动导向教学法是由多种教学技术、手段、方法结合而成的，以职业活动为导向，以培养学生能力为内核，是能力本位的教学方法。目前我国职业学校中的很多专业基础课及专业课，都是培养学生技能，动手能力，分析、解决实际问题，实践性很强的课程，行动导向教学法应该成为当前职业学校教学法中的一种新的思潮。行动导向教学法突出创新、实践能力的培养，顺应了职业学校改革的潮流，符合职业学校的专业特征，适合在职业学校教学中应用。

第一节　行动导向教学法简介

行动导向教学法即教师营造一种类似于工作实际的学习环境和氛围，通过师生共同确定学习任务和目标，引导学生在学习过程中，心、手、脑并用，教、学、做结合，以达到培养学习兴趣、掌握专业知识和技能、提高团结协作等通用能力目标的教学方法群①。行动导向教学法有多种形式，如案例教学法、角色扮演法、模拟教学法、项目教学法、引导文教学法、头脑风暴法、思维导图法、实验教学法、任务驱动法等。行动导向教学要求教师在

---

① 陈冰梅：《基于行动导向的教学设计研究》，广西师范大学硕士学位论文，2010。

教学时先提出工作任务，并分层次下达给学生。若工作任务过于简单，会使学生感到没有挑战性，提不起学习兴趣；若工作任务太过复杂，又会使学生产生自卑心理，失去学习的信心。所以教师应按照不同学生的情况，分配不同内容、不同难度的工作任务，让所有学生都能体会到成功的喜悦。

一　行动导向教学模式的特点

第一，完整性。行动导向教学是一个典型职业活动的全过程，所以课程开发不是为了应付企业和社会阶段性和暂时性的技术、人才需求，它开发的过程是追求和实现学校的教学实际、企业的生产实际、社会和个人发展的实际需求相结合。学习的步骤包括咨询、计划、实施、检查、评价全过程，融专业能力、方法能力和社会能力培养为一体。

第二，自主性。行动导向教学过程中，学生带着工作任务，整个过程主要是独立工作或小组工作两部分，一般先以独立工作开始。要求每个学生独立地思考、独立地处理文字并进行分析，这样可以培养学生基本能力，或者通过小组合作共同完成。在学生完成工作任务的过程中，教师只是辅助角色，所以整个教学过程是学生自主性的体现。

第三，研究性。行动导向教学过程中，学生基于解决问题的目的，首先寻找问题并设计解决方案，从中获得解决实际问题的能力和相应知识。学习过程必须围绕解决问题来组织，让学生在解决问题的氛围里学习。"问题解决"的前提是"问题"，为此，要为学生创设实际情境，刺激其提出高质量问题，并激励学生寻找问题的答案。学习不仅仅是由未知到已知的转化过程，也不仅仅只是解决问题的过程，关键是在问题的解决过程中，逐渐孕育、产生并提出更深层的问题。而提出新的问题、新的可能性，从新的角度去看旧的问题，都需要有创造性的想象力，而且这就是研究性的体现。

第四，综合性。行动导向教学既重视教学结果，又重视教学过程。要求学生在教学过程中做到专业能力、方法能力、行为能力和社会能力全面发展，能有效地培养学生的综合职业能力、提高学生的竞争力，也为未来职业生涯的持续发展和终身学习能力的培养奠定基础。

第五，开放性。行动导向教学的评价既有对所学技能与知识的定量分析，也有对学生所获得的能力的定性分析，所有的评价结果是开放性的。特别是在教学评价中，允许学生自己制订评价标准并检查自身的学习效果，这就使得学生学习的积极性空前高涨，从评价的"旁观者"成为评价的"主持人"，评价标准的制订基础不是对知识的复制、拷贝，评价的宗旨是帮助学生改进自身的学习方式，帮助教师更好地优化教学过程。

行动导向教学法以能力本位、学生主体、合作学习为基本原则，在教师角色定位上，教师从知识的传授者、课堂的主导者转变为课堂活动和任务的设计者，学生学习的咨询者、引导者。在学习内容上，结合行为活动的特点对各学科的知识点进行综合，以培养学生职业能力。在教学设计中，强调教师以学生的兴趣为出发点设计任务，激发学生的学习意愿，学生作为学习的中心，全程参与、合作解决问题，在掌握知识的同时学会学习并获得经验。

二 行动导向教学"六步法"

行动导向教学不是一种具体的教学法，而是一种强调以学生自身行动为中心、按完整行动模型展开的教学组织方案，即教师创设来自职业或生活的典型场景，引导学生围绕工作任务或问题的解决，或独立自主，或与他人合作，了解、收集、分析相关信息，并为任务的解决制订工作计划，权衡与论证工作计划后，实施相对合理的工作计划，本着自我负责态度检查工作质量，并借助他人评价总结工作及其结果，进而反思自身工作行为[①]。这一教学过程具体包括六步，俗称行动导向教学的"六步法"，具体内容如下。

1. 咨询

分析给定情境、认识问题、理解与评估现有信息与工作材料、确定任务、获取解决任务所涉及的新知识等，也就是说学生在这个环节要了解到底要解决什么样的任务、任务的解决涉及哪些方面，其中哪些是已知的、哪些

---

① 易艳明、石婷：《德国行动导向教学理论基础、组织模式与设计原则再分析》，《中国职业技术教育》2016年第27期，第57~65页。

是要补充学习的。

2. 计划

为任务的解决制订行动方案与确定工作步骤。

3. 决策

与相关人员从多角度审视方案与计划，并确定最可行、最科学和最经济的方案。

4. 实施

在现实条件下执行前期决策的最佳方案，制作相关产品。

5. 检查

学习者将"理想与现实"进行比较，自我询问"工作任务是否恰如其分地、符合专业要求地完成？工作目标是否实现？"审核并纠正工作步骤与工作结果等，如有可能还要形成检测报告等。

6. 评价

自身与他人对工作过程与工作结果、团队表现等方面的评价和反馈，如有可能，还要总结出改善型建议。

第二节　行动导向教学法与秘书学专业内容适配性分析

行动导向教学法不是一种具体的教学方法，而是多种具体教学方法的集合体，其所包含的教学方法具有的共同特征是"以行动习得知识技能"[1]。在课堂实际教学中，教师可以应用行动导向教学法中的一种或几种具体教学方法，也可以将行动导向教学法中的具体教学方法与其他教学方法优化组合应用，但这主要取决于教学内容和教学目标。

从秘书学的教学内容来看，可以归纳总结出职业学校秘书学专业实践教学的内容，这些内容与行动导向教学密切相关，主要包括：

---

[1]　王艳：《行动导向教学法在〈药物制剂设备〉中的应用研究》，云南师范大学硕士学位论文，2020。

（1）常用办公设备和办公软件的使用操作技术和设备维护、网络办公和文案编辑处理技能；

（2）文字、图片处理技术，高质量的文本与表格的编制方法，文件以及各种数据处理技术；

（3）秘书办事的工作程序和操作技巧；

（4）组织和管理企业各种类型会议的关键技能；

（5）通用汉字录入方法，各种文书的书写规范，速记技巧；

（6）口头表达能力和写作能力、沟通协调技巧；

（7）信息检索和统计技巧；

（8）形象礼仪、见面礼仪、语言礼仪、通信与文书礼仪、商务礼仪、社交礼仪、求职与职场礼仪、涉外礼仪等。

不仅是实践课的教学可以充分利用行动导向教学，理论课的学习同样可以实施行动导向教学。行动导向教学理念下包含多种教学法，包括案例教学法、引导文教学法、项目教学法等，在本书第二部分会逐一介绍，并列举出应用案例。

第三节　对行动导向教学法实施的思考

边用边学是"行动导向"教学的一大特点。利用学生有兴趣的事情激发其学习兴趣，变枯燥为乐趣，化抽象为具体。当某一工作被完成后，学生内心会充满成就感，产生喜悦和冲击力，这种力量可以增强其学习信心，同时提高学生学习知识和技能的兴趣。在行动导向教学法中"任务"贯穿始终，让学生在讨论任务、分析任务、操作完成任务的过程中顺利建构起知识结构，突出培养学生的实践能力和思考能力[①]。

一　行动导向教学模式在课程观念上的体现

首先，行动导向教学模式注重基础感知、情意培养和行动能力的互

---

① 林希：《行动导向教学法研究》，《教育与职业》2013 年第 29 期，第 149~150 页。

动与整合，以典型工作任务展开，提倡一体化建构学习经验。其次，行动导向教学注重情意目标的建构。行动导向教学模式在课程观念上提倡在职业情境中建构学习经验，具有前瞻性，有利于"工匠精神"的塑造，为将来的终身学习打下基础，重视学生的情意培养和非智力因素培养。最后，行动导向教学模式提倡协作、独立完成任务。行动导向教学模式以小组为单位，注重学生之间的能力互补，将学习领域中的典型工作任务作为学习内容，开展协作学习，学生独立于教师在职业情境中单独完成任务。

秘书学专业人才培养方案对于"秘书职业要义与职场要务"课程目标的描述可以概括为：了解秘书基本的职业素养和专业素质要求；熟练掌握秘书工作的基本程序和要求；掌握基本工作知识和技能，例如学习商务礼仪、掌握沟通技巧、熟悉会议实务等，注重对学生实践工作能力的培养，希望学生通过课程的学习，能够懂得秘书工作的基本程序，熟悉秘书在专业活动中的基本工作、基本要求和基本方法，掌握基本技能并按照秘书工作标准熟练处理办公室各项事务。通过上述分析可知"秘书职业要义与职场要务"的教学内容为秘书工作中的典型工作任务，且任务具有完整的工作流程。行动导向教学模式适用于有完整工作任务的知识点教学。

二　行动导向教学理念体现师生的高度参与

首先，行动导向教学模式促进学生教学参与的积极性。行动导向教学提倡在行动中建构学习经验，学生是学习者和教学的主体，学生自主成长，学生有效自主建构学习经验，教学参与的积极性突出，同时对主动、双向及多向性的参与起到了有力促进的作用。其次，行动导向教学模式有利于隐性知识的建构。行动导向教学注重"做中学"，有利于缄默知识和经验知识的学习，有利于学生认知水平的提升、强化学习效果，有利于隐性知识显性化和实践动手能力的提升。最后，行动导向教学模式有利于创新、创造思维的形成。行动导向教学积极鼓励学生"头脑风暴"，将异想天开的开放式思维融入行动之中，激励学生突破自我，勇于创新、创造，杜绝墨守成规，大胆行动，积极改变——变"要我学"为"我要学"，培养探索精神和非线性思维，促进晶体智力的形成。

三 行动导向教学理念注重学生的接受能力

现在的教学片面追求教学内容的完整性，而忽略了学生的接受能力。在现在的教学模式下，学生就像小水杯，老师就像大茶壶，大茶壶只是不停地向小水杯里倾倒，而无法顾及小水杯是否已满，最终导致大量的水从杯中溢出，造成浪费。在教学中这种浪费很普遍，不但浪费了老师的精力，而且浪费了学生的时间。高水平的教师应该具有敏锐的观察能力，能及时发现教学过程中学生的各种状况。以"摄影与摄像"课程为例，过去为了让学生掌握如何用光而讲解大量例题，适合接受能力强的学生，但接受能力差的学生听得越多反而越迷茫，自然也就没有学习兴趣。为了改善此种情况，可适当减少教师的讲授，通过学生之间的互相讨论、分组学习等方式提高学生的学习兴趣。

四 行动导向教学理念注重学生的能力培养

目前教学内容还是停留在教授知识的层面上，很少有人真正把教学的重点放到能力的培养上来。以专业学习为载体培养学生的能力，教学内容只是能力训练的一种手段，教学的最终目的是提高能力。应该侧重培养学生的基本能力，所谓基本能力，应该是会说话、会倾听、会自己调节情绪的能力。目前对学生的期望值过高，希望学生有自主学习的能力，有很强的理解能力，甚至要求学生具有一些老师都不具备的能力，对学生能力的定位不准确，导致在教学中总是对学生的表现不满意。在课堂上，有一些训练学生基本能力的方法。例如让学生先自学部分内容，然后分组相互讲解自学的内容，互相指出对方讲解中的疏漏，再相互补充，最后每组选一名代表在讲台上向全班同学讲授，这个过程可以培养学生自我情绪控制的能力，克服胆怯心理，既可以调动起学生的积极性，又能训练学生的表达能力及倾听能力。

五　行动导向教学理念引导学生发现学习的乐趣

行动导向教学注重的不是结果，而是在教学过程中人人参与。在项目实践过程中要求学生理解、把握每个项目的知识和技能，让学生感受到创新的苦与乐，使其分析问题和解决问题的能力得以提高。以"团体接待"教学为例，可以通过一定的项目让学生了解来访者的基本情况、制订接待计划、落实接待准备工作、熟悉实施具体接待和处理善后事宜的工作流程，从中学习和掌握整个团体接待的工作流程，还可以进一步组织不同种类的来访接待活动，通过实际操作训练其在实际工作中与不同专业、不同部门的同事合作的能力。

第二部分
教学方法应用分析

第七章
教学方法一：讲授教学法

第一节　方法介绍

讲授法是指教师和学生以语言为主要媒介，在帮助学生学习系统性知识的同时，引导学生学会分析和认识某个问题，促进学生的智力、品德及多种能力共同发展的方法。这种方法比较容易控制所要传递的知识内容，教师可以根据自己的认识和需要确定学习内容，在一定程度上充分发挥了教师的主动性，但其使用时间不宜过长。职业教育的教学倡导采用体验、探究、合作等教学方式，但讲授式还是目前采用最多的一种教学方式。讲授法的合理性正是基于教学目标的基础性、教学内容的科学性、教学关系的主体性、教学手段的构建性这四种基本要素建立的。

然而，自从有学校开始（甚至在学校产生之前），讲授法就伴随着教学活动的进行而存在，而且不管教学方法如何变化，讲授法都没有也不可能被其他任何先进的方法取代，它只有随着时代的进步而不断更新和完善。在教学活动中，教师要充分发挥主导作用，要激发学生主动求知的欲望，要有目的、有计划地让学生在较短的时间内获得大量的系统的知识，离不了讲解、讲述、讲读、讲演等环节，即使在谈话法、演示法、参观法、实验法等教学方法中和现代多媒体辅助教学中，也离不开教师适时的、联系学生实际情况所做出的讲授。讲授法在教学方法中是存在时间最久并且最具生命力的，它会随着学校的存在在课堂教学领域里永远起作用。

提到讲授法，人们总是带有主观色彩去审视其存在。把它与"满堂灌"画等号，有少数教师甚至谈"讲"色变，本来通过几句简洁的话就可以让学生明了的内容，也要让学生通过讨论、探究的方式来了解，或者用多媒体演示一下，这虽然在表面上体现了"现代课堂教学理念"，但实际上却浪费了宝贵的教学时间。与此相反，有的教师在上课时兴趣盎然，而学生的注意力并未跟着老师的思路。这两种现象都背离了讲授法的理论精髓。有效的教学理论认为：在一定程度上，教学不仅要关注学生最近的发展和进步，同时也要关注在教学过程中花费的时间和效率，用最少的教育投入去获得最佳的教学效果。讲与不讲、讲多讲少、有无效果，问题本身不在于讲授法，而在于如何讲授。

一 讲授教学法的认识误区

1. 教师单方面的信息传递使学生缺乏主动性

有些教师在教授学生时过度使用讲授法，而不考虑学生对其知识的接受程度，导致教学质量难以提升。在某些教师的理解中，学生在教学过程中被动接受知识是必然的，然而主动的、发现式的学习才是当前适合学生的发展趋势。目前，一部分教师不敢运用"讲授法"进行教学，是因为怕社会各界批判其方式违背课改理念。

2. 学生过于依赖授课教师，无法培养其创新能力和实践能力

有专家认为，教师多讲意味着否定了学生的主体作用，在传统的授课形式当中，教师处于权威地位，学生被动接受知识。学生能力的提升和学习素养的培养主要是通过教师的传统授课来实现，课堂存在知识中心、言语单向、思维不同步的问题，学生容易墨守成规，不善于容纳多元化观点。

3. 教学方式从"满堂灌"变为"满堂动"

在发展学生综合素质的理念下，教师认为在课堂教学中不仅要注重学生对于理论的学习，同时要将实践贯穿于课堂之中。完全以"提问""动脑动手"等方式取代传统的讲授，使职业教育中强调的活动只停留在形式的层

面，感觉是让学生产生了兴趣，但并未顾及学生是否了解了知识点，基础知识和技能也无法兼顾。

以上述观点为基础进行思考，教师必须走出对讲授法的认识误区，重新认识其地位和作用。

二　讲授教学法的优缺点

讲授法之所以能够永恒存在于课堂活动中，并且占据着主导的地位，是因为该教学方法拥有着其他教学法无法发挥的优势。

1. 教师通过直接且有效的方式将学科内容呈现在学生面前，并根据学生当前对知识的接受程度来控制教学进度，从而更有效地提高课堂教学的效率

通过教师生动且有趣的讲授，能够使原本抽象、深奥的课本知识变得具体形象、通俗易懂，同时也能有效排除学生对学习的畏难情绪，让学习与学生的兴趣相结合，轻松进行学习。此外，讲授法是以理论的形式直接向学生传授经验和知识，避免学生在自学过程中遇到困难。

2. 讲授法有助于展示教师的人格魅力，获得学生的信服

教师以渊博的知识、清晰的思路、流畅的语言感染学生，调动学生的学习热情。教师能够通过自身的经验与知识全面、准确地领会教材的编写目的，并且挖掘其深刻内涵。所以，对教师而言，讲授不仅是其知识和能力的输出，也是其内心世界的展现；不仅能潜移默化地影响、感染学生的心灵，也为学生提供了认识人生、认识世界的渠道，成为学生精神营养的重要来源。

3. 其他的教学方法都是以讲授法为基础的

从教的角度去思考，任何一个教学方法都是先由教师讲授，然后与其他的方法相互融合，发挥其价值。也可以换种角度思考，讲授法是其他教学方法的基础，教师只有讲得好，其他教学方法的运用才能更加得心应手。另外从学的角度看，接受学习也是一种最基本的方法，如果学生不能很好地接受学习，其他教学方法的使用也不能最好地发挥作用。学生只有学会了"听讲",跟着教师的思路和方法,才能潜移默化地、自觉地将教师所讲授的知识内化为自己的,从而学会学习,掌握学习方法。

当然,讲授教学法也有一些局限性。例如,讲授法容易使学生产生"假知",即并不是真正理解了某个知识点,从而导致学生知识与能力的脱节;容易使学生产生依赖和期待心理,从而抑制学生学习的独立性、主动性和创造性等;由于讲授法面对的是全体学生,教师也很难考虑到不同学生之间的差异,进行因材施教。

三 讲授教学法的形式

讲授教学法的基本形式有如下七种。

1. 讲述式

讲述式是用生动活泼的语言对教师所传授的知识内容进行叙述、解释和总结的方法。例如,利用特定语言描述图像内容,生动地传达人、事、物。同时利用讲述的方法也可以增强讲座的感染力和说服力,激发学生的学习热情和想象力。

2. 讲解式

讲解式是教师运用阐释、说明、分析、论证和概括等手段讲授知识内容的方法。讲解式是讲授法的基础方法,以讲解的方式来呈现内容比较节省时间和精力,教师生动形象的讲解和分析,有利于让学生准确地掌握概念和原理。也要注意教师在讲解的时候要科学、客观、准确、清晰。讲解式和讲述式,是两种互补互利的讲授方法。前者能唤起听课者的有意注意,激发理智信念;后者能牵动听课者的无意注意,增添融洽愉悦的气氛。所以,在教学中,它们常常被交替运用或结合使用。听课者听这样的课,觉得时间过得快,少有疲乏感。

3. 讲演式

讲演式是以演讲的形式去讲授某个知识点,通过富有激情且吸引人的方式来锻炼学生的逻辑思维和感染学生的情感。

4. 解疑式

这个方法主要是指教师把学生在进行自学、讨论研究中出现的问题集中起来，进行有针对的讲解。

5. 介绍式

介绍式是一种以口头解释的方式，围绕某一问题或某一理论观点，客观地介绍各种不同的见解，让学生能够对不同的想法进行比较，从而得出属于自己的科研课题。这种讲授方式不仅可以让教师自行选择是否讲述其见解，同时也能让学生自己领悟。

6. 提示式

提示式主要是介绍背景材料、提示思考要点、提供读书目录、指出应注意的问题，诱导学生读书、讨论、探讨问题。通常用在学生自学之前或自学过程之中。

7. 小结式

小结式主要是教学过程的末端，在学生自学、讨论、完成作业、实践之后进行的讲授，其主要不是系统地讲解某个知识点，而是根据学生出现的问题，对理论进行升华。

第二节　教学内容适配性分析

讲授法在秘书学专业领域应用范围非常广，讲授法较为容易控制所要传递的知识内容，教师可以根据自己的认识和需要，确定要多讲什么、少讲什么、突出什么、重点讲解什么，主动性发挥得比较充分。它是授课中最传统、最基本、最快捷、最有效的授课方法之一，其历史最悠久，究其原因，是这种方法比较适合我国的国情，方便高效、能直接传授知识。

秘书学专业主干课涉及的内容，也是秘书主要的行动领域，所有内容只要涉及理论部分均可以使用讲授法。如在秘书职业要义部分，可以使用讲授法的内容有秘书职业的起源及发展、秘书含义、秘书工作的本质属性和基本特征、秘书工作的基本职能、秘书职业化、秘书人员的基本要求、秘书的层级划分、秘书职责任务、秘书职场人际关系、秘书参谋咨询、秘书从业人员的职业素养和基本能力、秘书职业生涯规划、保密工作、秘书有效沟通等。

第三节　教学设计与案例分析

为了加强对讲授教学法的理解与应用，选取秘书学两个比较重要的知识点作为教学内容，采取讲授教学法对此进行教学设计与案例分析。

一　教学设计一：认识秘书工作

1. 教学内容分析

（1）主要内容：了解"秘书工作"的含义，明确秘书工作的基本属性和主要任务。

（2）地位和作用：有利于学生了解"秘书工作"基本原理和含义，对后续的知识点学习起着基础性作用。

（3）以《秘书原理和实务大纲》为例，通过文献搜集法查阅相关资料，了解到"秘书工作"这一章节归于导论环节中，在此基础上再进行其他知识点的学习。

（一）什么是秘书工作？

明确：秘书工作是直接为机关或部门负责人提供综合服务的辅助性管理活动，由秘书或秘书部门承担此项工作。

（二）秘书工作的基本属性

1. 秘书工作的基本属性包括哪几个方面？

明确：秘书工作的基本属性包括三个方面，即辅助性、政治性、服务性。

2. 怎样理解秘书工作基本属性中的辅助性？

明确：秘书工作与行政管理有着不可分割的关系。

（三）秘书工作的主要任务是什么？

明确：根据秘书工作的各项具体任务的性质，可分为"政务"和"事务"两类主要任务。

1."政务"类任务

主要有办文，信息的收集和处理，调查研究与情况综合，对领导的批办事项与会议决定的事项进行催办、查办，处理来信来访。

2."事务"类任务

主要有文件的收发、传递与管理，文书的缮印与校对，文书的立卷与归档，文件的清缴与销毁，机要通信，承办会议，接待来访，印章管理，公务接洽等。

2. 教学目标

（1）认知领域：明确秘书工作含义，领会秘书工作的基本职能，能够应用其基本含义来分辨哪些属于秘书工作，学会分析秘书工作的案例。

（2）情感领域：能够对秘书的基本工作形成大体的组织框架，组织所学内容；对其有自己的理解和想法；教师可以利用视频展示秘书工作人物形象，简单概括秘书工作的情况，让学生对秘书工作产生兴趣和热爱。

（3）动作技能领域：学生能够将所学的基本知识运用到实际企业活动中，适应秘书的基本工作。

3. 学生实践中的关键技能：区分"政务"类任务与"事务"类任务

4. 教学方法：讲授教学法

5. 学时安排：1 学时

6. 教学用具：多媒体

7. 教学过程

（1）环节一：导入新课

教师活动	学生活动
教师先带领同学回忆上节课所学知识点。 根据学生的回忆程度,教师先对上节课所学知识点进行强调,之后引入新课。 利用多媒体呈现一段视频,主要介绍"秘书"是什么?在企业中担任什么角色?秘书一天的工作职责和事务有哪些? 提问学生在观看视频后对"秘书"有了什么新的理解?"秘书"与"秘书工作"是不是一回事? 这节课重点来分析"秘书工作"的有关内容。	在教师回忆上节课学习内容时,学生紧跟教师思路,进行复述和巩固。 学生观看视频,并对视频中重要的环节和不理解的部分用笔记自行记录。 认真思考问题,用自己的理解进行阐述。

（2）环节二：讲授新课

教师活动	学生活动
教师利用视频导入新课后,进行咨询,了解学生对于新知识的理解程度。比如,什么是秘书工作?秘书工作的主要任务是什么?怎么区分? 教师在云班课 App 上发布关于"政务"类任务和"事务"类任务相关的选择题,学生进行回答。 教师对这节课讲授的内容进行概括和总结,主要包括秘书工作和含义及秘书工作的基本属性和主要任务,其中应比较全面地理解秘书工作的基本属性每一个方面。	学生利用自己做的笔记,回忆对教师的问题是否有属于自身的理解。 对教师提问中不懂的地方进行记录。 对于云班课 App 的题目,学生积极进行回答,并将错误题目进行标记,利用云班课 App 的举手功能向教师提问。 学生利用精加工策略中的"记笔记"策略,对教师总结内容进行心理加工,提高知识理解的有效性。

（3）教学评价

序号	评价问题	答案评价
1	你认为秘书工作包括哪些?如何理解秘书工作?	□答案非常专业,能够找到关键点分析 □答案比较专业,对关键点的把握比较好 □答案质量一般 □答案不专业,只能把握几个关键点 □答案非常不专业,对关键点的把握非常模糊

续表

序号	评价问题	答案评价
2	秘书工作的基本属性是哪些？各自体现在什么方面？	☐答案非常专业，能够找到关键点分析 ☐答案比较专业，对关键点的把握比较好 ☐答案质量一般 ☐答案不专业，只能把握几个关键点 ☐答案非常不专业，对关键点的把握非常模糊
3	举例说明"政务"类任务和"事务"类任务之间的区别。	☐答案非常专业，能够找到关键点分析 ☐答案比较专业，对关键点的把握比较好 ☐答案质量一般 ☐答案不专业，只能把握几个关键点 ☐答案非常不专业，对关键点的把握非常模糊

（4）综合性作业

　　王小玲是×中职学校秘书学专业一年级学生。刚入校时，她对学习秘书学专业是充满信心的。然而，听了社会上有关秘书工作的流言，如"吃青春饭"、"领导的跟班"、"就业难"以及"花瓶"等说法后，她和她的家人都陷入困惑与苦恼之中。

　　思考：

　　（1）请结合材料谈谈王小玲及家人对秘书工作存在什么误区？怎样使他们正确认识秘书工作？

　　（2）如果你是一位资深的秘书，你应该如何对王小玲进行秘书工作的教育？

　　分析：王小玲和她家人的困惑与苦恼，一是由于对秘书职业的性质与恒定性缺乏了解，二是涉及当前关于秘书特别是女秘书的"敏感"话题。开展秘书教育，这些问题是回避不了的，应从多方面加以引导，消除其思想上的顾虑。

二　教学设计二：会议文书工作

1. 教学内容分析

（1）主要内容：了解会议文书工作的特点、内容和拟写文书的要求。

（2）地位和作用：使学生能够运用会议专业知识，具有策划、设计、组织和实施大、中型会议的能力，掌握会议相关文书的起草，了解会议产业在现实角度的社会意义。

（3）通过搜集查阅相关资料，了解该内容的实践环节，着重强调学生的动手操作能力。

2. 教学目标

（1）认知领域：了解会议文书的特点、内容及拟写文书的要求，会议文书的行文规则、写作规范及写作格式。

（2）情感领域：通过该内容可以把学生培养为适应管理、服务的德、智、体、美全面发展的专业人才；让学生认识到，会议文书的写作应在具体的场景中体现，体现各种文体的"美"，使学生成为文书写作的"快手"和"能手"；树立学生"服务领导、服务基层、服务群众"的三服务概念。

（3）动作技能领域：掌握常用的会议文书的写法；能够根据不同的具体情境撰写会议记录和会议纪要。

3. 学生实践中的关键技能：会议文书的设计和撰写

4. 教学方法：讲授教学法

5. 教学用具：多媒体

6. 学时安排：1 课时

7. 教学过程

（1）环节一：教学内容导入

教师活动	学生活动
教师采用"直观导入"的方法,利用多媒体教具展示会议文书,并设疑询问学生展示的是什么、在秘书工作中是否有专有的名称表示。 让学生能够通过自己的理解先对会议文书进行定义,再接受知识点的讲解。 根据学生的理解程度,决定是先介绍文书还是直接接触真实的会议文书写作。 根据学生的理解水平,教师利用慕课中的"秘书原理与实务"前两节内容,视频主要展示会议文书的文体类型、写作特点以及批复。 讨论这篇视频一共展示了有几个文体,并且叙述其语法、逻辑、修辞和写作知识。	学生观察教师展示的文章,并结合对秘书的了解进行判断。 对教师的问题进行反馈,判断是否存在理解问题或偏差。 学生自行打开慕课,观看教师所要求的视频课程。 对视频中文书的重要组成部分及写作特点进行记录。

（2）环节二：讲授新课

教师活动	学生活动
(一)会议文书工作的特点 1. 特点:时间紧、变动大、政策性强 2. 拟写要求:集思广益,认真组织协作;必要时要连续作战,流水作业;层层把关,责任明确,送请有关领导审核 (二)会议通知撰写要求 1. 阅读范文:《××县教育局关于举办保康县首届校长论坛的通知》 2. 分析范文练习写作: (1)一份完整的通知的基本格式有哪些? (2)会议通知的标题如何写? (3)包括哪些主要内容? (4)如何制订回执单?	(1)学生认真听讲,将教师复述的重要知识点进行记录。 (2)回顾"应用写作",结合慕课视频,思考教师提问。 将分析内容记录在笔记本上,与教师所回答的答案进行对照并改正。

（3）环节三：实践操作

教师活动	学生活动
同学们基本了解了会议文书之后,教师对文书的特点和拟写要求进行再次强调,完成两个任务: (1)让同学阅读《××县教育局关于举办保康县首届校长论坛的通知》; (2)分析范文并且练习会议文书的写作。	(1)根据教师的任务要求,对笔记进行整理。 (2)建构范文的大致框架,并把握中心思想。

（4）总结与评价

教师活动	学生活动
(1)教师对本节课主要内容进行总结，包括会议工作的标题、正文、署名三项内容； (2)提问同学是否存在更简单省事的撰写会议通知的方法。教师进行点拨，比如会议通知单、开会通知单的制作。	学生跟着教师思路进行复述，并思考是否有创新简便的会议通知方法，各抒己见。

（5）综合性作业

（1）以某项会议主题为主，思考会议主要包括哪些内容，如何拟定策划。

（2）你的母校建校 50 周年，请你写一封邀请函，邀请国内校友回母校参加校庆庆典活动。

第四节　讲授教学法的应用思考

讲授法是教师运用语言系统以多种方式连贯地向学生传授知识信息的一种方法。这种方法运用的恰当，就能提高讲授的质量和效果，否则就会影响讲授的质量和效果。作为一名教师要提高教学质量，就必须研究和掌握讲授的艺术，使自己的讲授具有艺术性。

一　使讲授具有科学性

科学是关于自然界、人类社会和思维三大领域的知识体系，是人们对主客观世界的本质和规律的认识，是人类实践经验的总结并被实践证明了的真理。英国教育家斯宾塞说："什么知识最有价值？一致的答案就是科学。"① 美国教育家杜威认为，"科学在教育上占有独一无二的无法估计的地位"②。

讲授要达到科学性，首先要有科学的内容。讲授的内容要经得起实践检验，即内容要准确无误，符合实际，毫无虚假，具有系统性、逻辑性。其次要有科学的态度。讲授要以科学的世界观和方法论为指导，实事求是，严谨认真。再次要有科学的语言。教师要用该科的专门术语，讲"行语"，有必要用通俗说法时也不能与专门术语相违背，并且要用普通话讲授，使用大家都听得懂的词汇、语法、修辞，力求语言清晰、准确、简练、形象、条理清楚、通俗易懂；讲授的音量、速度要适度，音调要抑扬顿挫，富有美感。最后要有科学的方法。讲授的方法要多样化，富有灵活性，方法要符合学生的心理特征，容易使学生接受。

二　使讲授具有形象性

形象性是讲授艺术的一个重要特点。讲授过程中，教师要对讲授内容进行加工，把抽象的理论形象化，变为学生易于接受的知识，要借助于语言、表情、动作、直观实物、绘画及音响等手段，对讲授内容进行形象描绘。这是学生理解、接受知识的首要条件。有的学者把教学的形象性称为教学的表演性。罗伯特·特拉弗斯在《教师——艺术表演家》一文中说："教学是一个独具特色的表演艺术，它区别于其他任何表演艺术，这是由教师与那些观看表演的人的关系所决定的。"讲授表演是教师一切外显行为的综合表演，它包括教师的衣着打扮、表情态度、身姿动作、实验操作、口语板书等要素。讲授表演要采用学生可接受的方式，照顾到不同年龄学生的心理特征。而且这种表演直接具有社会伦理价值，即教师在表演中不仅向学生传播知识、启迪学生智慧、促进学生发展，更重要的是给学生以示范。教师要自觉地"言传身教""教书育人"，这是教学表演与其他表演活动的根本区别。

---

① 〔英〕赫·斯宾塞：《教育论》，胡毅译，人民教育出版社，1962，第43页。
② 赵祥麟、王承绪编译《杜威教育论著选》，华东师大出版社，1981，第198页。

在讲授形象性的诸多因素中，教师语言的形象性是最主要的。教师借助形象化的语言，通过比喻、类比等形式，把要讲授的内容变得生动、形象、具体，使学生立得要领、透彻理解。教学实践表明，越是抽象的概念，在讲授中就越需要形象性的描述，这样才能使学生真正了解其内涵。

三 使讲授具有情感性

讲授不单是传递知识信息的认知活动，而且包含着人与人之间的情感交流。这种情感交流渗透和贯彻于传授知识的全过程。从教的方面看，教师要完成教学任务、塑造美的心灵，不仅要晓之以理、以理喻人，而且要动之以情、以情动人。情理结合，是讲授的基本要求，也是讲授能够具有感染力的重要条件。讲授的情感性，要求教师的教学要充满感情色彩，以真挚的感情去感染学生，撞击学生的心灵，使学生倾心学习，主动参加教学活动，从而取得好的讲授效果。讲授中的情感交流是个潜移默化的过程，教师语气上的肯定、表情上的默许，师生间人际距离的接近，往往都能使学生受到教育和鼓舞。

四 使讲授具有启发性

讲授的启发性包括三层含义。第一层是启发学生对学习目的意义的认识，激发他们学习的兴趣和热情，使学生有明确的学习目的和主动性；第二层是启发学生的联想、想象、分析、对比、归纳、演绎，激发他们积极思考的能力，引导他们分析问题、解决问题；第三层是启发学生的审美情趣，丰富学生的思想感情。这样，才能提高讲授效果，防止和纠正学生高分低能现象，才能调动学生学习的积极性、主动性，培养其分析问题和解决问题的能力。现代教学活动的重点已从"以教师为中心"转移到"以学生为中心"，从讲授知识为重点转移到培养能力为重点。因此，讲授是否具有启发性的衡量标准在于是否充分发挥了教师与学生双方的积极性，体现在教学中，不但有讲授方法的更新，还有讲授程序的变换。

总之，教学是个复杂的过程，讲授法作为主要教学方法之一，历来为教师所采用，明确讲授法的要求，对教师的教学实践有积极的意义。

第八章
教学方法二：四阶段教学法

四阶段教学法最早起源于美国的岗位培训，随着社会的发展，现在在教学中被广泛应用。它由准备、教师示范、学生模仿和总结练习四个阶段组成，其中以示范—模仿为核心。四阶段教学法是基于行动导向的教学方法之一，符合理论联系实际的指导思想要求，符合学习者的学习和认知规律。秘书学专业教学的许多技能知识的传授都可以采用这种教学法。这种教学法的学习过程与人类认知学习的规律极为相近，学生能够在较短的时间里学习秘书学新知识，理解、掌握、巩固学习内容，从而达到最佳教学效果。四阶段教学法要求在课前教师要做好充分的准备，包括课堂教学用具要齐全、对演示内容要熟练以及如何解决学生练习过程中可能会出现的问题等。在教学过程中，要明确教学目标，教学内容的设计很重要，要体现真实性，要考虑内容的多少、难易程度、学生是否感兴趣等。学生在模仿时，先要分析、理解模仿内容，并在模仿过程中通过自己的思考和老师的引导及时解决发现的问题。

四阶段教学法的理论基础是美国发展心理学家约翰·弗拉维尔（John Hurley Flavell）的元认知理论。1976 年，弗拉维尔在《认知发展》一书首先提出元认知（Meta-cognition，或称后设认知）概念。他认为"元认知是反映或调节认知的任一方面的知识或认知的活动，是对个人关于自己的认知过程、结果及其他相关事情的知识"，以及"为了完成某一具体目标或任务，依据认知对象对认知过程进行主动的监测和连续的调节与协调活动过程"①。元认知以认知过程与结果为对象，是调节认知过程的认知活动，所以是对认知的认知。弗拉维尔认为，元认知的两大主要成分是元认知知识和元认知控制。

所谓元认知知识，是指个体所存储的既和认知主体有关又和各种任务、目标、活动及经验有关的知识片段。② 元认知知识主要有三类：个体元认知知识，即个体关于自己及他人作为认知加工者在认知方面的某些特征的知识；任务元认知知识，即关于认知任务已提供的信息的性质、任务的要求及目的的知识；策略元认知知识，即关于策略（认知策略和元认知策略）及其有效运用的知识。弗拉维尔十分强调这三类元认知知识的交互作用，他认为不同个体会根据特定的认知任务对策略做出优劣的判断。

元认知的第二个成分，即所谓元认知控制。元认知控制是对认知行为的管理和控制，是主体在进行认知活动的全过程中，以自己正在进行的认知活动为意识对象，不断地对其进行积极、自觉的监视、控制和调节③。元认知控制包括检查是否理解和预测结果，评价某个尝试的有效性，计划下一步动作、测查策略，确定适当的时机，修改或变换策略以克服所遇到的困难等。元认知概念一经提出，就引起了心理学家的广泛关注，并很快成为认知心理学和教育心理学研究的一个重要领域。元认知对心理学研究的深刻意义在于，它对传统的不同认知领域之间的界限提出了质疑。传统观点将认知活动人为地划分为知觉、记忆、思维、言语等范畴，在一定程度上割裂了这些现象之间的内在联系，而元认知研究削弱了这种人为的分离，它强调传统认知范畴之间的相似而非区别，因而有助于传统认知领域之间的重新组合，有助于将个体作为一个完整的人来研究。

---

① 〔美〕弗拉维尔、〔美〕P. H. 米勒、〔美〕S. A. 米勒：《认知发展》（第四版），华东师大出版社，2002。
② 汪玲、方平、郭德俊：《元认知的性质、结构与评定方法》，《心理学动态》1999 年第 1 期，第 6~11 页。
③ 〔美〕弗拉维尔、〔美〕P. H. 米勒、〔美〕S. A. 米勒：《认知发展》（第四版），华东师大出版社，2002。

第一节 方法介绍

四阶段教学法以对某个具体知识和技能的掌握作为主要的教学目的，由下文四个教学环节组成。

一 课堂讲解

教师在课堂开始之前先以提问的方式来了解学生目前已达到的知识结构、专业水平等，以便更好地针对他们的情况有效展开教学活动。可以在现场讲课前首先对学生提出要求，以题目的形式将学生应掌握的知识和要认真观察的目标交给学生。在这一阶段，教师的行为占主导地位。教师在做好课前准备的基础上，或通过设置问题，或通过说明所学内容的意义而引入课题，唤起学生的求知欲，激发学生的兴趣，从而调动学生的学习积极性，为以下各阶段做准备。

二 示范操作

教师首先要让学生明确学习的目标，即学生在教学活动结束之后应该掌握哪些知识和技能，并从做什么、怎么做、为什么这样做等方面来实施教学计划，安排教学内容的开展。这时教师的行为仍占主导地位。教师首先将整个操作过程演示一遍，让学生观察。学生不可能一下子学会，只是对其过程有所了解，知道指导教师到底是怎么操作的。此后教师再分步示范，并解释每一步是怎么做的，为什么这样做，使学生在感性认识的基础上，加深对理论知识的理解。通过教师的示范操作，让学生明确在教学活动结束以后应该掌握的知识和技能。示范操作可以使学生直观、具体、形象、生动地进行学习，不仅易于理解和接受，而且可以清晰地把观察到的示范操作印记在脑海里。在组织教学中，应从做什么、怎么做、为什么这样做等三个方面来实施教学计划，安排教学内容的展开。

三　模仿操作

这一阶段是教学的关键环节，学生操作技能的形成、动作的规范都在这一阶段。在这一阶段，学生行为占主导地位。通过教师示范，学生对操作过程有了进一步的理解，这时学生开始模仿教师的操作过程，并自己进行学习活动，也就是学生按照教师的示范动作的要求，自己动手模仿操作，领会操作要领并消化，通过模仿最终实现知识和技能的掌握。从模仿过程中教师可得到反馈信息，了解学生掌握程度。学生不能正常模仿时教师要重复示范。通过模仿学生有了第一次操作的经验，知道了怎样操作，但还不熟练。在此过程中教师必须不断地巡回指导，及时发现问题，纠正错误。

四　操作练习与总结

首先，教师对整个教学活动进行归纳总结，并再次强调重难点。其次，根据教学要求布置相应的操作任务让学生独立完成，教师在一旁指导监督，观察完成任务的整个过程，学生对该知识是否掌握和理解、能否记忆、操作的过程是否规范。除了教师对学生进行评价外，也可以让学生自评或者小组评价，教师再进行最后的总结。在上阶段模仿的基础上学生进一步练习，或独立练习，或以小组形式练习，无论采取何种形式，学生必须把每个过程的三个问题，即做什么、怎么做、为什么这样做弄清楚。这时教师应该观察学生的操作过程，注意纠正学生的错误，并不断检测学生的学习效果，判断学生是否完成教学目标。最后，教师对整个教学活动进行归纳总结，对教学的重点、难点进行反复讲解，指出重点、难点，以及操作过程中需特别注意的问题等，也可以通过提问了解学生对知识的掌握程度。在此基础上，使学生通过自己练习，逐步完全掌握并能够熟练运用所学知识。

第二节　教学内容适配性分析

秘书学专业实习、实训教学是整个教学过程中重要的一个环节，其任务就是通过实训、实习使学生巩固、加深、补充理论课所学到的知识，从而掌握必要的职业技能，是培养合格人才的有效保证。学生在实习、实训学习过程中一般会有讲解、示范、模仿、练习几个阶段的内容，都可以用四阶段教学法进行教学。具体来说有如下几个领域。

如在办公技术领域，适用的学习任务有完善办公软环境（添加输入法、字体、打印机），Windows 的常用快捷键，计算机速录技术，高效整理录音文稿，计算机会议全程记录和整理，同步文字直播重要会议，计算机快速制作研讨会邀请函，Word 制作、保存并关闭邀请函文档，为书稿标题设置大纲级别，创建书稿目录，制作行政公文模板，运用模板创建行政公文，计算机草拟提交，计算机审稿，计算机成稿，计算机合作完成材料，批量制作通知，批量修改通知，批量制作个性化信封，网络群发通知，设计制作单位网页，Excel 工作表应用，用 PPT 制作《××公文处理办法》培训稿，用 PPT 制作有公司徽标的宣传片，将文字资料快速生成演示稿，使用 Outlook 收发邮件、管理联系人、安排日程、分配工作任务，传真机使用与常见故障处理，打印机使用与常见故障处理，多功能会议室的音视频设备的使用，使用数码相机、数码摄像机，移动硬盘与 U 盘的使用，刻录光驱，扫描仪使用等。

第三节 教学设计与案例分析

一 教学设计一：复印会议资料100份

1. 教学内容分析

（1）主要内容：通过学习复印机的工作理论知识和使用技能，掌握复印机的工作过程，并能熟练地复印文件资料。

（2）地位和作用：有利于学生学会使用复印机，对实际上的秘书工作有一定的实践。

（3）以《现代文秘办公技术》为例，复印资料相关内容位于该书的最后一章"会前资料准备"中，要求同学们具有实践操作能力，在办公技术中属于基础性的能力。

2. 教学目标

（1）认知领域：了解复印机的基本操作流程，能够将理论知识与实际上的复印机的操作相结合。

（2）情感领域：能够逐渐熟练会议准备的流程，锻炼学生敏捷性和及时性。通过讲解复印机的操作，让学生了解到作为一位秘书工作者，应该掌握复印机打印资料的基本技术，提高自身的工作效率。

（3）动作技能领域：学会操作复印机。

3. 教学方法：四阶段教学法

4. 教学用具：多媒体、复印机

5. 学时安排：2 学时

6. 教学过程

（1）环节一：导入新课

教师活动	学生活动
(1)教师展示一段视频:上司要求秘书复印 100 份文件,秘书使用复印机功能的片段。 (2)观看视频完成后,教师对学生提问: ①复印机使用包括哪几个步骤? ②如何快速有效地复印 100 份文件? (3)导入新课,并下达任务(如何使用复印机)。	(1)认真观看教师展示的视频,记录重点。 (2)回答教师提问。 (3)理解并明确任务要求。

（2）环节二：讲授新课

教师活动	学生活动
教师展示一台复印机,并讲解复印机的基本操作,包括:预热、检查原稿、放置原稿、选择复印纸尺寸、缩小与放大、调节复印浓度、设定复印份数。 教师根据讲解内容进行操作示范,并对操作过程中可能出错的地方进行重点强调。将学生分为 5 个小组,组织学生自主进行练习复印机的基本操作。	(1)学生认真观看教师展示。 (2)小组之间相互讨论和交流,围绕复印机的基本操作进行沟通。 (3)一边观看一边记录重点操作过程。 (4)利用实训教室的复印机进行练习。

（3）小组活动

教师活动	学生活动
(1)教师在每组成员中抽取一名成员,作为评委。评定得分:除掉最高分和最低分,取平均分。 (2)小组自行选择一位同学上台进行展示,主要是围绕"复印100份文件"进行。根据评委得分,评选出展示过程最流畅、错误较少的小组,并予以表扬。	(1)以小组为单位,每位同学轮流进行展示,其他未展示同学对其进行观察以及评价。 (2)汇总操作过程中有偏差和疑问的地方。

（4）汇报总结

教师活动	学生活动
(1)教师根据观察,将操作过程中易出现的问题进行汇总。 (2)根据学生的反馈,教师可对疑问较多的地方再次进行展示。	(1)学生在完成任务过程中将复印机使用中出现的问题进行记录,及时给教师反馈错误,进行改正。 (2)认真巩固本堂课的知识点,如想继续操作的同学可申请延长实训室使用时间,自行练习。

（5）教学评价

（一）小组汇报评价表						
汇报组别			主题			
汇报人						
评价内容		评分细则			成绩水平	
		60~75	75~85	85~90	他评	教师评价
(1)对操作实施的评价	说明上台展示任务,以及小组汇报内容					
	检查复印机(是否有故障、介绍按键情况)					
	文件资料是否核对正确					
	操作动作(熟练、迅速)					
	文件复印情况(完整、清晰)					
	使用后的复印机(整理、关机)					

续表

（一）小组汇报评价表

汇报组别			主题		
汇报人					

评价内容		评分细则			成绩水平	
		60~75	75~85	85~90	他评	教师评价
（2）对展示状态的评价	精神面貌（体态、姿势、神态）					
	声音是否洪亮，不怯场					
	展示的互动性，与其他同学的交流					
	展示环节是否合理，在规定时间内完成					
建议						

（二）对小组合作的评价

序号	评价项目	评价结果
1	该组同学能够进行热烈的讨论	□非常符合　□比较符合　□一般 □不符合　□非常不符合
2	该组中有一位潜在的引导者	□非常符合　□比较符合　□一般 □不符合　□非常不符合
3	每一个同学都有操作复印机	□非常符合　□比较符合　□一般 □不符合　□非常不符合
4	该组中至少有一位同学无所事事	□非常符合　□比较符合　□一般 □不符合　□非常不符合
5	在该组讨论过程中，组长或潜在领导者能够保证组员间的交流	□非常符合　□比较符合　□一般 □不符合　□非常不符合

（6）综合性作业

> 按原稿放在自动输入盒的放置方式进行练习。

二 教学设计二：文书立卷工作

1. 教学内容

（1）主要内容：了解文书立卷工作的概念和要求，掌握文书立卷的范围，学习文书立卷工作的原则，明确文书立卷工作的内容。

（2）地位和作用：文书处理工作是档案管理工作的前提和基础，做好文书处理工作是提高档案管理工作质量和水平的重要方面；既有利于归档文件的齐全完整，又能减轻年终的归档工作量。

（3）以《秘书职业要义与职场要务》这本书为例，文书立卷的工作属于书籍的最后一章，也是秘书工作的末端环节，起着总结概括的作用。

2. 教学目标

（1）认知领域：明确文书立卷工作的基本方法和基本内容。

（2）情感领域：通过细致的文件整理工作，培养周到、耐心、认真、细致的工作态度；同时在课堂上，教师可以通过学生练习过程中出现的问题，引导探索新的立卷方法，锻炼学生创新、精益、专注、协作、探究的工匠精神。

（3）动作技能领域：掌握文书归档工作的基本方法。

3. 教学方法：四阶段教学法

4. 教学用具：多媒体、文书、盒子、线、笔

5. 学时安排：10 学时

6. 教学过程

（1）环节一：导入新课

教师活动	学生活动
对学生提问：上节课我们学习了文书的清退和销毁，那筛选之后的文书我们应该如何处理呢？文书组成立卷的基本工作有哪些呢？观看一段文书立卷的展示视频，让学生制订一个流程图。	（1）回顾旧知识。 （2）思考教师提问，培养发散性思维。 （3）观看视频，完成流程图的制作。

（2）环节二：讲授新课

教师活动	学生活动
教师准备好教具,通过多媒体的投影功能展示文书、盒子、线、笔。 掌握文书立卷工作的方法:整理、装订、分类、编号、编目、装盒。 教师按照文书立卷的步骤进行演示: (1)整理,以"件"为单位进行整理; (2)装订,采用左上角装订的,应使左侧、上侧对齐,采用左侧装订的,应使左侧、下侧对齐; (3)分类,根据公司需要; (4)编号,位置标识为符号; (5)编目,归档文件目录,包括件号、责任者、文号、题名、日期、页数和备注等项目; (6)装盒。	学生边听边进行记录,对文书的基本构成部分有一定了解。能够独立区分什么文书需要立卷,掌握如何立卷等内容。

（3）环节三：模仿与练习

教师活动	学生活动
教师将学生分为 6 个人一组,每个同学分别负责文书立卷的六个环节,并轮流进行。	学生分为 6 人一组,并确立好每一个同学需要担任的角色。 根据教师所下达的任务,互相配合完成。

（4）环节四：汇报总结

教师活动	学生活动
(1)教师利用小组竞赛的方式考察同学对于这一知识点的掌握情况。 (2)聘请另外一个班的同学来担任评委,评选出操作最标准的小组,并授予奖状及奖品。 (3)根据教师观察,发现每一小组普遍存在的问题,并进行重点强调及修正。	(1)自行练习,达到组员之间的最高配合。 (2)与其他小组交流沟通,对有误的地方进行改正。 (3)保持对课堂的热情,积极参加教师组织的竞赛活动。

（5）教学评价

教学评价					
环节	仪表、精神面貌（20分）	在规定时间完成任务（20分）	操作熟练、流畅（40分）	应对技巧（20分）	综合得分（100分）
整理					
装订					
分类					
编号					
编目					
装盒					
小组最终得分（综合得分之和×60%）					

（二）对小组合作的评价（40%）		
序号	评价项目	评价结果
1	该组同学能够进行热烈的讨论	□非常符合　□比较符合　□一般 □不符合　□非常不符合
2	该组中有一位潜在的引导者	□非常符合　□比较符合　□一般 □不符合　□非常不符合
3	每一个同学都有动手实践	□非常符合　□比较符合　□一般 □不符合　□非常不符合
4	该组中至少有一位同学无所事事	□非常符合　□比较符合　□一般 □不符合　□非常不符合
5	在该组讨论过程中，组长或潜在领导者能保证组员间的交流	□非常符合　□比较符合　□一般 □不符合　□非常不符合

（6）综合性作业

　　案例分析：远达公司是一家国营企业，主要从事机电设备制造。公司成立之初，设置七个部门，三年后因经济效益上升、业务范围拓展，新增了三个部门和车间。到2000年，工厂由于技术明显落后、设备陈旧、资金短缺，周转出现困难，因此陷入了运转艰难的境地。2001年，新上任的总经理大刀阔斧地实施了一系列改革，按照产权分明、责任明确、政企分开、管理科学的现代企业制度要求，重新调整了机构，职能部门设置调整为六部二室四车间。由于引进外资，更新了设备，进行了技术改革，因此，公司再度焕发出生机和活力，生产经营形式逐年好转。但公司档案管理工作却因长期以来重视不够而"拖了后腿"，一直没有跟上来。30多年来形成的纸质档案虽然都保存得完好无损，但由于没有采取科学的文书立卷分类方法和科学的档案分类管理方法，而且由于企业机构设置变动，一直沿用最初的"组织机构—年度—保管期限"的分类方法，使得档案柜内显得杂乱无章，许多重要档案的查找、检索利用过程都很麻烦，档案工作一时成了棘手的问题。这一问题引起了领导层的重视。2002年1月，公司招聘了一名高级企业档案管理人员，总经理大胆地起用新员工，任命其为档案室主任，主持公司的档案工作。通过3个月紧张、有序的工作，全部档案按照科学合理的分类方法"各就其位"，档案管理工作渐有起色。

工作任务：

（1）结合该公司的实际情况，试分析档案管理混乱的主要原因，并请你谈谈如果你是档案室主任应该从何处着手对档案进行分类管理。

（2）请你从档案管理分类需要的角度，给公司办公室提出一份文书立卷归档的方案。

第四节　四阶段教师教学实践

一　现场讲解的教师实践

在这一阶段，教师的行为占主导地位。教师的课前准备一定要充分。准备包括知识的准备和教具的准备，教师对专业理论与实践知识的全面掌握，保证示范阶段的示范效果。教师在做好课前准备的基础上，或通过设置问题，或通过说明所学内容的意义引入课题，唤起学生的求知欲，激发学生的兴趣，从而调动学生的学习积极性，为以下各阶段做准备。实际教学过程中，有几点需要注意。

1. 选择合适的讲解场所

讲解场所尽可能靠近实训场地，同时为了方便教师讲解、提问和演示，保证学生注意力的集中，应尽量避开喧嚣和嘈杂的环境。使用专用一体化教室要避免教室摆放的设备对学生注意力的影响，必要时可将设备集中管理，使用时再下发。

2. 组织讲解的方式和内容

通过教师提问来激发学生对于某个知识的兴趣，从而激发学生寻求问题答案的欲望，并在此基础上组织讲解。教师提问的问题应与讲解内容密切相关，且讲解内容应尽可能简明扼要、重点突出，不宜过于烦琐。

3. 重视使用现代教育技术

教学媒体是教学内容的载体，是教学内容的表现形式，是师生之间传递信息的工具。随着科学技术的发展，教学媒体也在不断更新，充分利用现代化的教学工具，如幻灯、实物投影、多媒体课件等，可大大提高课堂的教学效率和效果。

二 示范操作

教师在讲解的同时，通过实物或教学用具向学生示范如何操作，但同时要注意以下几点。

1. 重视安全操作意识的培养

"安全责任无大小"，实训教学要牢固树立"安全第一"的思想，在教学过程中教师应始终保持高度的重视，培养学生在用电、工具使用等方面的安全意识。

2. 把握示范操作要领

教师讲解和示范操作时要注意讲、做一致，操作姿势、操作方法正确标准，仪器仪表、工具的使用、摆放规范有序。示范操作应做到步骤清晰可辨、动作准确，讲清动作特点及操作过程的注意事项。教师不规范的示范操作可能对学生产生负面的影响，影响学生对知识和技能的理解与掌握。由于现行的职业教育体制限制，班级学生人数较多，教师在示范操作教学时难以保证每个学生都能清晰完整地看到教师的示范，从而影响了教学质量。有条件的学校，在进行示范操作教学时可考虑进行对班级进行适当的分组，减少每次示范操作教学时的学生数，以达到提高教学质量的要求，必要时还可以让学生聚集在自己周围，以便更加清晰地观察教师的示范动作和过程。

三 模仿操作

模仿操作阶段以学生为主体，但是教师在教学过程中要特别注意。

1. 注意学生的操作规范和安全规范

学生养成良好的操作规范和安全规范将终身受益。教师在示范操作时会对操作规范和安全规范等注意事项进行强调，但是，在实际动手模仿中，有些学生重视不够，有的学生不熟练或紧张，容易出现操作不当甚至违规的现象，所以，教师在学生模仿操作过程中，一定要认真仔细地检查指导，尤其要将安全放在第一位，发现不正确的操作和安全隐患要及时指出，并加以纠正。

2. 发挥教师的主导作用

由于学生刚刚开始进行模仿操作，还不具备完善的知识和技能，在模仿过程中会出现各式各样的问题。教师在此过程要发挥其主导作用，时刻注意学生的操作方法是否正确、安全规程遵守的如何、操作效果怎样，帮助学生解决实际操作遇到的技术、技能、质量问题。并且要督促学生及时模仿，在时间上、空间上不要与教师示范阶段有分层和隔断，同时教师在实训指导时要做到腿勤、眼勤、脑勤、嘴勤和手勤。

四 操作练习与总结

在这一阶段要特别注意培养学生自主分析和解决问题的能力。在传统的教学过程中，教师对教学活动归纳总结时，多是由教师唱主角，对学生的作品进行点评，指出模仿操作或练习过程中存在的问题，却很少注重学生自主能力的培养，学生只是被动接受，难以形成自己的观点。实际上在四阶段教学法的教学环境下，教师应结合教学过程中了解、掌握的信息，启发学生自主探究，让学生自己总结在学习过程中遇到的问题和收获，找出解决问题的方法，形成结论，帮助学生把实践经验和感性认识提升到理论的高度，培养其自主分析和解决问题的能力。

第五节　四阶段教学法的应用思考

一　以学为本，使自主学习成为习惯

在四阶段教学法的教学过程中，其侧重点是不断发生变化的，第一、二阶段以教师为主，第三、四阶段以学生为主，最终目的是完成已确定的教学目标。而反思整个四阶段教学法的教学过程，以及教学理念和教学方法策略，以学为本是四阶段教学法的根本出发点。

四阶段教学法若运用不当，容易造成学生对教师教学的依赖，出现"教师不教、学生就不学"的误区。因此四阶段教学法一定要坚持"以学生为主体"的教学原则，在每个阶段要善用教学技巧增加学生的参与度，培养学生主动学习的能力。如在教师的操作示范阶段，可以邀请学生作为协助者参与进来等。总之，四阶段教学法除了完成教学目标，还要重视培养学生的学习习惯和学习能力，唤醒学生的学习自信和学习兴趣，使其在工作过程中也能通过观察和模范他人的优势自主学习，以此来提升自我。

二　理论与实践相结合，把理论讲解整合到实践教学

四阶段教学法非常重视技术技能的学习与熟练掌握，但是技术技能背后的理论教学不能完全忽视，如若没有理论的讲解，操作技术只是一具空壳，学生难以举一反三，并且不符合综合型人才的培养目标。

因此在第一、二阶段，教师的准备要非常充分，除了教具的准备，还要有足够充分的理论知识准备。理论知识的讲解可以安排在课前导入部分，也可以在操作示范过程进行穿插。将理论讲解整合到实践教学当中才能真正提升学生的综合能力。

三　教学信息化，采取线上线下相结合的教学形式

在数字化时代，各地优秀教学资源的畅通有利于提升课堂教学质量。四阶段教学法应该紧跟时代，采取线上与线下结合的教学形式，针对不同的知识类型，采取合适的教学形式。在教学过程中，针对学生的接受能力，结合新时代的信息技术进行四阶段教学，在每个阶段的教学过程教师要注重运用多媒体、现场案例、引导式教学等。

教师充分利用多媒体课件、网络、实物、教材等资源展开教学，操作示范也可以采取线上视频播放、教师细节指导的方式。这种线上和线下相结合的方式可以帮助学生在每个阶段的学习过程中有更深层的理解，同时鼓励学生在操作练习与总结阶段积极进行小组合作及自主深入探究，充分利用课外资源（如图书馆、网络、专业期刊等）扩展专业面，培养学生自主学习的意识和习惯。

第九章
教学方法三：任务教学法

第一节　方法介绍

一　任务教学法的简介

任务教学法的哲学心理学理论基础是建构主义。[①] 任务教学法的主要形式为"任务驱动"，在课堂教学过程中将教师的主导作用和学生的主体作用充分发挥出来，注重对学生分析问题、解决问题能力的培养，从实际工作任务的完成着手，教师通过示范讲解，对学生的操作过程进行指导，引导学生完成任务，从而实现教学目标。

任务教学法实施过程的基本思路为，在课程任务的教学中，依据当前教学实际进度状况和学生所处阶段具备的相应专业知识水平，针对某一特定阶段知识教学内容结构和专业技能要求，设计一个能完全涵盖当前相关教学知识点要求的综合性任务，使每个学生可在最真实具体的现实问题情境指导下独立应用现有专业知识，探索获得新知识，使所学课程知识得到全面巩固、加深掌握和迅速迁移。根据课程特点，设计多个阶段性的任务，通过每个任务模块之间进行的知识梯度递增、内容衔接互补、难度一致性和目标全面性水平

---

① 吴中伟：《输入、输出和任务教学法》，《华东师范大学学报》（哲学社会科学版）2008 年第 1 期，第 109~113 页。

的不断延伸提高，使原课程体系中掌握的各项基本能力、知识技能和综合实践技能在后续不同学习任务阶段的应用中得到全面巩固发展和有效提高。

二 任务教学法的作用

1. 采用任务教学法，可以将抽象理论变为具体操作，变枯燥的课堂教学为轻松有趣的任务形式，让每位学生乐于去亲身操作、掌握

在任务过程中提升学生的学习主动性，培养学生的学习兴趣。当学生独自完成了某一项目任务后，内心的喜悦感和成就感会提升学生的自信心和积极性，可以培养学生克服困难的能力，还可以有效提高学生对于学习各种理论知识和工作技能的兴趣。

2. 任务贯穿始终，让学生在讨论任务、分析任务、操作完成任务以及创新任务的过程中顺利建构起知识结构

教师针对教学目标，遵循学生的认知规律，精心设计任务。在学生的学习过程中，以完成一个具体的任务为线索。教师有意引导学生进行主动探索、分析任务、讨论任务，在解决问题中学习，在新、旧知识所产生的认知冲突中建构知识结构。

3. 因材施教，对学生的实践操作能力和创新能力进行重点培养

尊重班级中不同学生的个性、认知差异，因材施教，针对不同学生的特点提供个性化教育任务。基础任务面向全体学生，要求所有学生完成。其他任务则使学生思考、设计和创新。开放式任务则培养学生的创造性精神，激发学生的潜能，在学习上精进。

三 任务教学法的实施程序

任务教学法的工作步骤是，提示工作任务、介绍相关知识、分析任务（如何理解操作过程或如何解决问题）、跟学任务、独立完成任务，也可以说由三个阶段组成：前任务阶段、任务循环、后任务阶段。

1. 前任务阶段（Pre-task）

前任务阶段一般是指教师主动引入学习任务，激发学生学习兴趣；教师先讨论新的话题，引入任务即呈现和学习完成任务所需的语言知识，介绍任务的要求及实施任务的步骤。

在前任务阶段，教师要考虑到每个学生的个别差异，又要最大限度地促进每个学生的充分发展。在介绍理论知识时，应本着"适度、够用"的原则，将重点放在实践环节的讲解，让学生对将要学习的内容有一定了解，激发其学习动力，为完成任务而进行知识和能力方面的储备。

2. 任务循环（Task-cycle）

任务循环阶段是指由学生自主执行学习任务并向教师报告其任务学习进展情况。

（1）任务（task）：学生结对或分组执行任务。教师在一旁协助，教师可以设计数个微型任务活动，构成活动链，由浅入深、循序渐进地要求学生以个人或小组的形式来完成任务。

（2）计划（planning）：各组学生准备向全班报告任务完成情况。

（3）报告（reporting）：由学生报告任务完成情况。这种报告既可以是口头的，也可以是书面的。

3. 后任务阶段（Post-task）

后任务阶段是指教师针对学生学习情况进行分析并评价，学生在教师指导下进行练习。

（1）分析（analysis）：在教师的指导下，学生对整个过程进行回顾并分析其他组执行任务的情况，旨在使学生注意到自己的能力欠缺；

（2）操练（practice）：学生根据上一阶段任务的实施，进行反思，并再次在教师指导下进行练习，巩固和掌握任务执行过程中的重点与难点，进一步掌握完成任务的技巧。

第二节　教学内容适配性分析

任务教学法将整个知识体系分解为一个一个相对独立而又相互关联的任务，让学生在一个个典型任务的驱动下展开学习活动，引导学生由简到繁、由易到难、循序渐进地完成一系列任务，最终达到对整个知识体系的掌握。在完成这一探究过程活动中，学生对于问题的解决可以在心理层面树立起学生的自信心，能在更大程度上激起学生学习的欲望，从而可以培养学生独立学习探索、勇于自我开拓的进取奋斗精神和自觉主动去获取知识经验的自学能力。在秘书学专业的教学过程中，有许多涉及具体操作的内容都可以使用任务教学法。

如在会议管理领域，包括会前接待服务，会场签到、文件发放、会议引坐、安排发言、进程控制、会议选举、颁发奖品、会议记录、编发简报、处理临时事项，会议生活服务（茶水、茶歇、食宿、交通安排等），会议保障服务（设备使用与维护、安保等），送别会议代表，会场善后工作（清理会场、印发会议纪要、组织会后宣传报道、进行会议总结评估、会议文件立卷归档、会议传达、会议催办），编写会议纪要，整理、归档会议文件资料，会议评估与总结，企业内部事务会议的组织与管理，企业外部事务会议的组织与管理，专题会议的组织与管理，企业培训会议的组织与管理，会议文件审核等内容都可以使用任务教学法。

第三节　教学设计与案例分析

为更好理解任务教学法，以秘书职业要义中的会议记录和请示的撰写为例，通过将任务教学法应用于实际案例中进行教学设计。

一　设计一：撰写会议记录

1. **教学内容：撰写会议记录**

会议记录一般由四部分构成。

（1）标题

标题显示了会议的主要内容，合格的标题对后期查找和整理会议记录起着决定性的作用。

（2）首部

首部一般用表格形式记载会议组织情况，这部分写在会议标题之后。应在会议开始前，把会议的有关情况写好。它主要包括：

第一，开会时间，要写明具体的年、月、日，同时还要写明是上午、下午还是晚上，有的会议还要写明某时某分；

第二，会议地点，要写明在何处开的会，如"某某会议室"等；

第三，会议主持人，一般直书姓名，必要时可写明职务；

第四，会议出席人，即出席会议的正式成员，按排列顺序列出；

第五，会议列席人，即不是会议正式成员，由于工作需要而参加会议的人；

第六，缺席人，可单独作为一条，要写出缺席人的姓名和缺席的原因，也可以写在出席人、列席人的项目中，在括号内注明某某人因何故缺席，如"某某因公出差""某某因病住院请假"等；

第七，记录人，写明记录人，一是说明会议记录内容的真实性，二是表示对记录内容负责。

在记录中凡涉及人名的要写全姓名，不能只写姓不写名，也不能只写姓加职务或职称。

会议记录应采用统一制发的专用会议记录本或记录纸，会后要立卷归档。

（3）主体

这部分是会议记录的核心，记载会议的实际进程，一般包括三个方面。

第一，会议的议题和会议主持人的启示性讲话。这部分要着重记录，多项议题的会议要用数码依次标出，以便于会后利用查找。

第二，与会人的讨论发言。这部分是与会者对会议议题和会议主持人讲话的直接反映，记好这部分内容十分重要。会议发言要按照发言顺序记录，发言人姓名要写在段首，后面即记录发言内容。

第三，会议的决定、决议和会议主持人的总结及结论性意见。这部分是会议成果的综合反映，是会议记录的主体。这些决定、决议和讲话是与会者贯彻会议精神的根据，也是日后备查材料中最重要的材料，记录者必须认真、仔细地做好记录。会议进行情况还包括休息、散会等，也要记录上。

（4）尾部

尾部用于各项署名，是对记录的真实性的体现，一般有记录人和审核人的签名。

2. 教学目标

（1）知识目标：了解会议记录的主要内容，做好会议记录准备工作。

（2）技能目标：掌握会议记录的关键技巧。

（3）情感目标：学会认真仔细的工作态度、爱岗敬业的职业精神。

3. 学生实践中的关键技能：快速拟写会议记录

4. 教学方法：任务教学法

5. 教学用具：多媒体、稿纸或计算机、笔

6. 学时安排：2课时

7. 教学过程

（1）环节一：任务引入

教师活动	学生活动
（1）什么是会议记录？会议记录主要是对会议进程进行较为客观、真实详尽的记载，为日后参考、研究会议情况提供了第一手记录材料，也为将来形成各项决定、决议、会议纪要文件等各类会议文件形式打下重要基础，便于日后传达学习和理解会议精神。 （2）会议记录要尽可能地记录会议中的所有要素，包括议题、议程、时间、地点、参与人、主持人、记录人等信息。会议记录项目中包括出勤和请假情况、发言情况、决策情况、会议附件材料等。	了解会议记录的重要性和构成。

（2）环节二：任务提出

教师活动	学生活动
（1）将学生分为两组，有一组同学在会议室（或教室）前方开会，另一组同学在会议室（或教室）后方进行记录。 会议主题如下： 班级篮球赛的组织 班级放暑假前的会议。 （2）提供任务所需物品准备清单，指导学生进行任务准备。	（1）根据教师要求进行小组划分。 （2）接受任务，按照分组进行任务准备。 （3）准备好会议记录所需的纸笔。 （4）准备一支录音笔，以补充手工会议记录，但不能完全依赖录音笔，以防中途出现故障，只能将其作为补充。 （5）准备好会议中所需的纸质资料及电子资料，检查各项设备运行情况。 （6）记录人员需要在会议开始前到达现场，了解与会人员座位图，便于在会议中识别发言者。

（3）环节三：任务讨论

完成情境布置：在会议室或教室，配备有稿纸或计算机、笔，前方有明显的"×× 会议"标志	
教师活动	学生活动
教师带领学生分析总任务，指导学生开展头脑风暴等方法进行任务讨论；组织各小组介绍各自的任务完成方法，听取学生意见，必要时进行指导。	以小组为单位讨论任务实施方法，学生各抒己见，明确任务分工；小组进行方案交流，各小组综合方案意见，取长补短，形成任务解决方案。

（4）环节四：任务实施

教师活动	学生活动
进行巡视，启发、协调，帮助学生完成会议记录的书写；组织学生将各自的任务结果向全体同学展示交流，听取学生任务汇报成果。	（1）以小组为单位，根据任务内容实施讨论方案，完成会议记录。 （2）组内交流，汇聚成果。 （3）准备交流材料。 各组展示会议记录书写结果，就自己的成果向全班同学展示。

（5）环节五：任务评价

小组自评表		
	评价项目	评价内容
会议记录	准确性	
	完整性	
	记录速度	
	是否有所遗漏	

教师评价表				
内容		评价		
学习目标	评价项目	个人评价	小组评价	教师评价
专业知识	会议记录的含义、内容和作用	Yes/No	Yes/No	Yes/No
	会议记录的格式	Yes/No	Yes/No	Yes/No
	会议记录的准备、要求及注意事项	Yes/No	Yes/No	Yes/No
专业能力	能做要点式会议记录	Yes/No	Yes/No	Yes/No
	能完成详细会议记录	Yes/No	Yes/No	Yes/No

任务内容评价表

评价项目	成功之处	不成功之处
1. 会议前的准备		
2. 会议记录的格式		
3. 会议记录的标题		
4. 会议记录的首部		
5. 会议记录的主体		
6. 会议记录的尾部		

任务完成评价表

被考评人		考评地点			
考评内容					
考评指标	考评标准	分值（分）	自我评价（分）	小组评议（分）	实际得分（分）
专业知识技能掌握	技能点1：	15			
	技能点2：	15			
	技能点3：	15			
通用能力培养	出勤	10			
	道德自律	15			
	学习态度	15			
	团队分工合作	15			
合计		100			

考评辅助项目		备注
本组之星		两项评选活动是为了激发学生的学习积极性
组间互评		

填表说明	（1）实际得分＝自我评价40%＋小组评议60%。 （2）考评满分为100分，60分以下为不及格；60～74分为及格；75～84分为良好；85分及以上为优秀。 （3）"本组之星"可以是本次实训活动中突出贡献者，也可以是进步最大者，同样可以是其他某一方面表现突出者。 （4）"组间互评"为评审团讨论后给予各组的最终评价。评审团由各组组长组成，当各组完成实训活动后，各组长先组织本组进行商议，然后各组长将意见带至评审团，评价各组整体工作情况，将各组互评分数填入其中。

（6）环节六：综合性作业

> 根据会议记录要点完成两项会议记录：班级篮球赛的组织会议；班级放暑假前的会议。

8. 任务书

任务名称	会议记录书写
一、任务目的	准确、快速完成两项会议记录
二、任务内容	1. 主体资料：会议记录的要点、内容、注意事项 2. 情境设定：班级即将召开两次会议，班主任需要同学帮助完成会议记录，以备存档 3. 任务描述：根据会议记录要点完成两项会议记录 （1）班级篮球赛的组织 （2）班级放暑假前的会议
三、任务目标	形成准确、完整的会议记录文本
四、任务完成要求	以书面会议记录呈现，需体现会议记录所有要点
五、任务分解	（1）咨询，学生学习会议记录书写内涵、要点 （2）计划，根据班级会议召开内容，进行会议前的准备，包括道具准备、场地准备、材料准备等 （3）决策，根据计划制订会议记录流程 （4）实施，根据会议开展情况进行会议记录 （5）检查，检查会议记录完成质量，包括内容、格式等 （6）评价，进行小组自评、全班评价、教师评价
六、本次任务的一些表单资料	任务完成评价表
七、任务成果	会议记录修改评价表、任务反思心得各一份

二　教学设计二：撰写请示

1. **教学内容：撰写请示**

（1）明确请示事项

日常工作中，很多人不太清楚什么时候用请示，什么时候用报告。

经常出现请示与报告混用的情况。拟写请示，首先要分清哪些事项要用请示行文。一般来说，在工作中遇到重大或疑难问题，或出现无法可依的新情况，或对上级的公文不明白，或对规章制度中的条文不理解等，需要上级机关指示或裁决时用请示；需要上级机关审定或批准时用请示；工作中遇到人、财、物方面的困难，自己无权、无法、无力解决，需要上级机关帮助解决时用请示；请求上级机关对自己单位给下级机关或其他不相隶属的同级机关的指示文件予以批准并转发时用请示。

（2）请示写作结构的确定

根据拟写请示的性质、内容和对象来确定。请示一般由标题、主送机关、正文、发文机关署名、成文日期和附注等构成。

（3）请示内容的确定

请示中只能提出一件请求批准的事项，或者一个需要解决的问题，以便上级机关及时处理。请示主要写清"为什么要请示"和"请示什么问题"两方面的内容。首先要说明请示的原因，然后提出需要上级机关解决的问题，最后表示希望上级机关予以解决。向上级机关请示问题，应当附有背景材料、情况说明等，便于上级机关办理。

（4）检查与评价

一是行文意图是否明确，请示要一文一事，不能多头主送，不能越级行文；二是行文是否符合公文格式及请示的写作结构；三是请示内容是否明确、具体；四是文字表述是否简洁、清晰。

2. 教学目标

（1）知识目标：掌握请示撰写的基本知识。

（2）技能目标：掌握请示组成的要素和写作方法。

（3）情感目标：培养学生仔细认真的工作态度。

3. 学生实践中的关键技能：能够根据工作需要拟写请示；能区别请示与报告的异同；具备评价请示优劣的能力

4. 教学方法：任务教学法

5. 学时安排：2 课时

6. 教学过程

（1）环节一：任务引入

教师活动	学生活动
(1)教师提问:同学们知道请示和报告有什么区别吗？什么时候应该使用请示？请示的书写有何讲究？ (2)教师介绍请示撰写的相关理论内容。	认真思考教师所提问题;学生认真学习,为完成接下来的请示撰写任务做准备。

（2）环节二：布置任务

教师活动	学生活动
(1)将学生进行分组。 (2)教师提出任务,撰写如下请示。 ①关于组织学生赴民族村参观的请示(请示对象:院长); ②关于通货膨胀期间为员工提高工资 200 元的请示(请求对象:总经理)。 (3)提供任务所需物品准备清单,指导学生进行任务准备。	(1)根据教师要求进行小组划分。 (2)接受任务,按照分组进行任务准备。 (3)准备好请示撰写所需的纸笔。

（3）环节三：任务研究

教师活动	学生活动
教师带领学生分析任务;组织各小组介绍任务完成方法。	学生以小组为单位讨论如何书写请示,有什么需要注意的关键点;各小组说明自己任务完成的方法,各组之间取长补短。

（4）环节四：任务实施

教师活动	学生活动
巡视、帮助、启发、协调学生撰写工作;组织学生将各自的请示撰写成果向全班同学展示。	根据讨论结果,完成请示撰写;各组利用多媒体分别把自己的撰写结果向全班同学展示,进行组间互动。

（5）环节五：任务评价

小组自评表		
	评价项目	评价内容
会议记录	准确性	
	完整性	
	记录速度	
	是否有所遗漏	

任务完成评价表					
被考评人			考评地点		
考评内容					
考评指标	考评标准	分值（分）	自我评价（分）	小组评议（分）	实际得分（分）
专业知识技能掌握	技能点1：	15			
	技能点2：	15			
	技能点3：	15			
通用能力培养	出勤	10			
	道德自律	15			
	学习态度	15			
	团队分工合作	15			
合计		100			
考评辅助项目			备注		
本组之星			两项评选活动是为了激发学生的学习积极性		
组间互评					
填表说明	（1）实际得分＝自我评价40%＋小组评议60%。 （2）考评满分为100分，60分以下为不及格；60～74分为及格；75～84分为良好；85分及以上为优秀。 （3）"本组之星"可以是本次实训活动中突出贡献者，也可以是进步最大者，同样可以是其他某一方面表现突出者。 （4）"组间互评"为评审团讨论后给予各组的最终评价。评审团由各组组长组成，当各组完成实训活动后，各组长先组织本组进行商议，然后各组长将意见带至评审团，评价各组整体工作情况，将各组互评分数填入其中。				

（6）综合性作业

撰写请示：

（1）办公室需购置打印机一台（请示对象：财务主管）。

（2）人事部拟举办团建活动（请示对象：总经理）。

7．任务书

任务名称	请示撰写
一、任务目的	准确、快速完成两项请示撰写
二、任务内容	1．主体资料：请示撰写的要点、内容、注意事项 2．情境设定： （1）向财务主管请示，办公室需购置打印机一台 （2）向总经理请示，人事部拟举办团建活动 3．任务描述：根据请示撰写要点完成两项请示撰写
三、任务目标	形成准确、完整的请示文本
四、任务完成要求	以书面请示呈现，需体现请示撰写的所有要点
五、任务分解	（1）咨询，学生学习请示撰写内涵、要点 （2）计划，根据情境背景内容，进行请示撰写前的准备，包括道具准备、材料准备等 （3）决策，根据计划制订请示流程，明确注意事项 （4）实施，进行请示撰写 （5）检查，检查请示完成质量，包括内容、格式等 （6）评价，进行小组自评、全班评价、教师评价
六、本次任务的一些表单资料	任务完成评价表
七、任务成果	请示修改评价表、任务反思心得各一份

第四节　任务教学法的应用思考

一　如何设计教学任务

在任务驱动教学中，每一个具体任务都会体现出教学目标的实现和教学要求的落实。因此，任务的确定是整个任务教学法实施过程中的重点，那么教师应该如何设计教学任务呢？

1. 分解教学目标

任务的设计还是要指向教学目标。教师必须要认真理解、仔细分析这个教学目标，将一个教学总体目标合理巧妙地融入学生感兴趣的学习内容中，通过课堂教学让每位学生共同完成一定的具体目标。教学过程通常包含具体知识的获取和相关能力的发展训练等实际教学任务，从而真正达到某一个特定教学的目标。要注意的是根据整个教学活动总目标，结合学生所需学习的知识内容，按照"从大到小、逐步细分"的思路，分层次、分阶段、分课时地把总目标分解为一个个小的学习模块，并使每一个模块对应一个容易掌握的任务。

2. 结合实际情况，激发学习兴趣

由于所设计的任务的最终执行者是学生，所以设计任务时应该充分考虑到学生的认知情况、知识结构、实践能力，设计难度适宜的任务，过难或过简单的任务都会影响学生的积极性和自信心。所以，对于比较简单的任务，教师可以不做或稍做提示，让学生自己去思考完成；对于有一定难度的任务，教师最好能事先演示或给出详细的操作步骤，便于学生自主学习。兴趣是最好的老师，因此，任务的设计要有趣味性。实践证明，学生如果受到成功激励或发现他们所学的知识能解决生活中遇到的问题，往往会对学习产生浓厚的兴趣。

3. 注重延伸扩展，启发学生思维

在设计教学任务时，要考虑到学生的差异。设计的任务不仅要包含基本任务，还要注重任务的延伸性与可扩展性。这样在完成基本任务后，学生可以根据自身学习需求在任务中进行发挥，能够将任务进行扩展和延伸。这样的设计既能控制整体教学进度，又可以因材施教，发挥学生的学习自主能动性，激发创新欲望。

任务设计得好坏，还体现在这个任务是否对学生具有启发作用。有的任务在完成后，学生的学习往往到此为止，那这个任务所起的作用仅仅是任务本身的内容，没有起到拓展学生思维的作用；而好的任务能在学生完成后，进一步激发学生学习的积极性，能给人以启发，从中悟出终身受用的学习思维或方法。

总之，在应用任务教学法时，要重视任务的设计，好的任务才能起到良好的驱动作用。要仔细分析教学目标，统筹兼顾，精心思考，这样确定出来的任务才能让学生在完成任务时更好地掌握知识、提高技能、领悟方法。

二　教师使用任务教学法的注意事项

任务教学法区别与传统课堂，在操作上更有灵活性，使学生学习兴趣更加浓厚，给课堂教学带来了生机与活力，使学生乐于参与，在亲身参与过程中学有所获，学习效果大大加强。但由于使用不同的教学方法，也给从事一线教学任务的教师带来了挑战，因此，在实施任务教学法时主要注意下列几点，才能保证任务教学法的实施效果。

（1）在任务教学中，完成任务只是一个教学手段，目的是完成教学目标。教师要及时更新观念，从学生"学"的角度来设计教学活动，任务贴近学生生活、学习和社会实际，从而激发学生积极参与的欲望，引起学生共鸣。要根据学生的学习程度、学业水平、接受程度进行情景设计，加强师生之间的沟通与交流，尊重学生的主体地位，在学生熟悉的领域完成任务会大大提升教学效果，任务能充分发挥学生的主体作用，使学生在参与学习活动的过程中获得能力的提高。

（2）实施任务教学法对教师能力的要求也大大提高，在教学过程中，教师扮演的是监督者、引导者的角色，与传统课堂的教师主导角色有较大区别。因此，要更好地实施任务教学，教师必须不断提高个人驾驭课堂的能力，要能够根据学生的实际情况不断调整教学策略，严格控制教师的参与度，不可过度参与。在整个过程中教师只需要对任务完成进度进行一个整体把握，对于涉及的关键点、难点进行适时指导，充分发挥出学生的自主性，并指导学生制订计划、完成任务，对于学生提出的问题要进行详细讲解，最好给出完整的答案。

（3）任务教学法是教师指导学生参与学习活动完成教学任务。但不同层次的学生会有不同的课堂表现。有的学生不愿参与课堂活动，使教学达不到理想的效果。因此调动学生参与的积极性，培养学生的合作意识也是任务教学的重要一课。在任务开展的过程中一般是以小组的方式完成任务，在此过程中教师应该注意培养学生的团队协作能力。在各自小组任务完成过程中需要教师密切观察，对于学生遇到的难题需要引导学生找到问题解决的方法，对于各个小组存在的普遍问题，需要在班级中采用集体讲解的方式解决。

总之，任务教学法在教学实践中越来越显示出其优越性，它将成为学生提高实践能力和综合素质的重要途径。在教学活动中，教师要充分发挥主导作用，精心设计教学任务，为每一个学生参与课堂活动创造条件，让学生运用所学知识完成任务、体验成功。

第十章
教学方法四：课堂讨论教学法

课堂讨论教学法是以启发学生的思维、调动学生作为教学活动主体的活动能力、激发学生在课堂学习中的主动性和积极性作为总的指导思想，由教师根据教学目的的要求、根据教学内容设定讨论内容，引导学生根据讨论要求广泛阅读相关书籍或相关资料，并在此基础上由同学们互相交流学习体会，使学生在讨论的过程中掌握教学内容、获取知识的一种教学方法。[①]

课堂讨论法所强调的，是教师在教学活动中严格以教材内容为依据，带领学生们进行课堂讨论，目的是将学生引导至事先设计好的教学情境中，再根据设计好的教学内容见缝插针式地提出相应的问题，引导学生进行思考，鼓励其进行讨论，让学生们学会敢于就不懂的问题进行研究，提高学生发现问题、解决问题的能力。

课堂讨论教学法立足于以学生为主体的教育理念，强调师生关系的平等性和学生的参与性。职业教育教学更加注重学生的主动学习和自主参与，教师应该给学生创设学习的情境，激发学生的学习积极性，让学生在交流讨论、切磋探究中，在情感的体验中锻炼心智、完善自身人格。运用讨论法进行教学，可以活跃学生的思想，培养学生独立思考、分析问题、解决问题和口头表达的能力。

[①] 卢芸：《课堂讨论教学法的认识与实践》，《武汉金融高等专科学校学报》2001 年第 6 期，第 53 页。

采用这种方法有助于教师活跃课堂氛围，在完成教育任务、达到教育目的的同时，收到良好的教育效果。

第一节　方法介绍

秘书学教学中的课堂讨论教学法，教师是"总负责人"，负责对学生的思维加以引导和启发，学生在教师指导下进行有意识的思维探索活动，始终处于"问题—思考—探索—解答"的积极状态。每个学生都是独立的思想个体，看待问题的角度不同决定了他们会用不同的方法来探究秘书学的知识，即在教学讨论过程中，学习者能够自主地就自己对题目的不同看法与见解展开讨论，经由表达、讨论、互动，各抒己见，彼此启发，最后达到一致认同。在这种交流探讨的过程中，来自外部强有力的思想刺激，会激发学生学习兴趣，使学生注意力高度集中，进而促使学生达到主动、探索和合作的学习目的，从而培养学生的独立思考能力和创造精神。

秘书学教学的讨论教学法以讨论为核心组织教学活动，是最能表现师生双向互动的一种基本教学方法。采用讨论教学法进行教学，有助于帮助学生掌握秘书学学习难点，在讨论中互相学习、取长补短，弥补学生个体学习中的不足。秘书学教学的讨论教学法突出了秘书学学生的主体地位，体现了民主教学思想，一改传统教学中以教师为中心的课堂教学结构。通过讨论交流可以促进学生的认知能力的提高，增强团队的认同感和凝聚力。

讨论教学法按规模可分为同座讨论、小组讨论、全班讨论等；按性质可分为析疑性讨论、欣赏性讨论；按内容可分为综合性讨论、专题式讨论、探究性讨论，探究性讨论又可以分为问题式讨论、思维操练式讨论、任务式讨论、反思式讨论；还有开放式讨论、半开放式讨论、集中式讨论、脑力激荡法和菲力普法等不同的类型。秘书学教学的讨论教学法，通常采取分成许多小组或小团体的方式来进行，故常被称为小组讨论法或团体教学法。

课堂讨论教学法的具体实施步骤分为以下三个部分。

一是讨论前的准备阶段。这个阶段主要是咨询、计划、决策。讨论前的准备主要是确认议题，讨论的议题不仅直接决定着课堂教学目标的实现，也影响着学生的兴趣和积极性。"议题设计应注意问题的多面性、开放性、现实性和目的性，给学生提供不同视角、不同观点的辩论空间。"[①]

二是讨论过程阶段。课堂讨论过程中教师要担任引导、激励、矫正、帮助、陶冶与调控的角色。在课堂讨论的过程中，教师不应该是旁观者，而是必要的参与者。在课堂讨论氛围不够浓烈或者讨论过程中遇到难题时，教师要适当对课堂讨论进行干预，刺激学生的思考，推动讨论的进行。课堂讨论是师生之间教学相长、相互学习的形式和过程，是一种合作性的学习形式。

三是讨论后的总结阶段。总结阶段主要是进行反馈与评价。这一环节是学生个人之间、小组内部、小组之间、师生之间等的观点相互对照、比较、评价反思的过程。"教师通过梳理、分析和总结课堂讨论中所呈现的零散的观点、方法和视角才能达成共识，实现从多元观点的碰撞中形成倾向性结论的教育目标。无论讨论的过程、结果怎样，教师的讨论总结都是极其重要的。"

第二节　教学内容适配性分析

秘书学教学的课堂讨论教学法，通过分析秘书学工作材料、获取相关知识、解决秘书学工作实际问题，不但提高了秘书学学生学习能力和分析能力，锻炼了处理信息的能力，同时也增强了秘书学学生的创造性思维能力、评判能力和论辩表达能力等。在教学中，学生的学习能力和学习水平存在一定差异，如有的学生存在较多的困难，有的学生则掌握得很好。在秘书学教学中，讨论教学法为秘书学学生提供了一个互相学习的机会，教学中热烈的讨论氛围、学生精彩的发言、同学间中肯的评价可以使一些学生受到启发，豁然开朗、精神振奋，产生事半功倍的效果。

---

① 高旺、高旭坤：《课堂讨论教学法的结构、过程及其对大学生的公共生活教育功能》，《河北青年管理干部学院学报》2021 年第 6 期，第 48 页。

讨论教学法应用范围非常广，无论是理论课、实践课还是理实一体化课程，其中的某些环节都可以使用讨论教学法。如在秘书写作领域，可以采用讨论教学法的内容包括法定公文拟制（拟写通知、拟写会议纪要、拟写报告、拟写请示、拟写通报、拟写通告、拟写决定）、事务文书拟制（拟写计划、拟写总结、拟写讲话稿、拟写简报）、规章文书拟制（拟写规定、拟写制度、拟写办法）、商务文书拟制（拟写业务函电，拟写意向书，拟写市场调查报告，拟写合同、招标书与投标书、经济活动分析报告）、礼仪文书拟制（拟写欢迎词与欢送词、拟写请柬与聘书、拟写贺电、拟写感谢信、拟写慰问信、拟写答谢词）、拟写求职信、拟写辞职信、拟写起诉状等。

第三节　教学设计与案例分析

为了加强对课堂讨论教学法的理解与应用，我们选取秘书学两个比较重要的知识点作为教学内容，采用课堂讨论教学法对此进行教学设计与案例分析。

一　教学设计一:《乐实公司的会议》

1. 教学内容：会议的流程设计

乐实公司决定在年底举办一个 2020 年度客户联谊会暨 2021 年产品订货会，总经理交给秘书小王一个任务，要求小王尽快拿出一个会议方案，筹备好、组织好这个会议。小王在时间、地点、人员、分工（各部门的配合与职责）、财务、产品、活动等各方面的设计安排得到了总经理的认可。之后，会议如期举办，整个过程环环相扣、气氛热烈，会议取得了极大的成功。小王是如何做到的呢？

2. 教学目标

（1）知识目标：了解会议的含义和要素；了解基本的会议类型；明确会议的流程，以及会议每个阶段需要做的事情。

（2）技能目标：通过观看案例，培养学生主动发现问题的能力；通过对问题的讨论分析，培养学生主动解决问题的能力；让学生掌握会议前、会议中、会议后的注意事项和如何做好会前、会中和会后服务。

（3）情感目标：学生体会到秘书在重要会议中的作用，激发其工作学习兴趣和职业自信心；培养学生细心周到的服务精神和爱岗敬业的工作态度。

3. 学生实践中的关键技能：会议策划能力、会议服务能力

4. 教学方法：课堂讨论教学法

5. 教学用具

（1）多媒体课件、案例资料。

（2）张贴板，类似于小黑板，可以固定在墙上。

（3）书写卡片，形状可以各异。

（4）大头针，要便于插上或拔下。

（5）其他，如记号笔、剪刀等。

6. 学时安排：2课时

7. 教学过程

（1）环节一：讨论前的准备

教师活动	学生活动
(1)教师在采用课堂讨论教学法之前,先告知学生会议的含义、要素和类型等,打牢学生的理论基础。 (2)确定本课的教学方式:集中开放式讨论。 (3)可根据班级规模组织和指导学生分组,综合考虑每组学生的个性特征,每组成员尽可能搭配合理。 (4)设计讨论的要求,教师应重点提出本次课堂讨论的主题及拟达到的教学目的:会议有哪些流程。 (5)教师对学生提问,让学生思考以下问题:小王策划的会议成功的原因有哪些? 会议的流程有哪些? 会议前中后需要做的事情和服务有哪些? 如何应对会议中出现的特殊事件?	(1)咨询:学生提前学习好有关会议的理论知识;学生按照教师的要求,尽快确定好分组,选好小组长;学生根据教师的讨论要求和主题资料背景,明确学习目标。 (2)计划:每个学生用3分钟的时间认真阅读资料《乐实公司的会议》一文,并认真分析研究,思考老师提出的问题。 (3)决策:学生每人发几张卡片,围绕案例材料写出自己的想法。针对每个问题写出自己的意见。

（2）环节二：讨论过程实施

教师活动	学生活动
（1）在课堂讨论过程中,教师不能过多地打断和做知识性讲解。 （2）在课堂讨论过程中,教师需要多观察,应在各阶段注意学生的表现,特别注意适时启发学生,鼓励学生各抒己见,表达自己的观点。 （3）对于小组讨论过程中出现的不和谐因素,教师要及时进行调解。	（1）学生将自己的卡片订到张贴板上。 （2）用15分钟左右的时间进行认真讨论,小组每个成员就自己的卡片内容积极发言,对老师提出的每个问题发表意见。 （3）小组长要在讨论的同时做好讨论记录,总结形成本组关于讨论的问题的共识,并确定小组代表汇报本组讨论结果。

（3）环节三：讨论后的总结

教师活动	学生活动
（1）教师组织各小组做总结汇报,并且带领学生对每小组讨论的结果进行汇总,适当的时候提出问题,对结果进行探讨。 （2）每小组对讨论结果进行汇报展示后,老师和学生应及时给出反馈。	（1）各组代表汇报本组讨论的结果。 （2）在教师的带领下,全班同学讨论各小组汇总的结论,进行认真归纳,形成正确会议的流程。

可以总结出会议的流程主要有：
第一,会前准备,确定会议目的、确定参会人员、拟定会议议程、准备会议文件、布置会场、发布会议通知；
第二,会中服务,会议记录、接站工作、报到与签到工作、会议记录、收集会议信息、编制会议简报、传接电话、医疗卫生工作、照相服务、会议的值班工作与保密工作等；
第三,会后工作,整理会议室、整理会议记录、形成会议纪要,总结评估会议。

（4）环境四：教学评价

<table>
<tr><td colspan="3" align="center">对各小组讨论结果的评价</td></tr>
<tr><td>序号</td><td>评价问题</td><td>答案评价</td></tr>
<tr><td>1</td><td>小王策划的会议成功的原因有哪些?</td><td>□答案非常专业,能够找到关键点分析
□答案比较专业,对关键点的把握比较好
□答案质量一般
□答案不专业,只能把握几个关键点
□答案非常不专业,对关键点的把握非常模糊</td></tr>
</table>

对各小组讨论结果的评价		
序号	评价问题	答案评价
2	会议的流程有哪些？	□答案非常专业，能够找到关键点分析 □答案比较专业，对关键点的把握比较好 □答案质量一般 □答案不专业，只能把握几个关键点 □答案非常不专业，对关键点的把握非常模糊
3	会议前中后需要做的事情和服务有哪些？	□答案非常专业，能够找到关键点分析 □答案比较专业，对关键点的把握比较好 □答案质量一般 □答案不专业，只能把握几个关键点 □答案非常不专业，对关键点的把握非常模糊
4	如何应对会议中出现的特殊事件？	□答案非常专业，能够找到关键点分析 □答案比较专业，对关键点的把握比较好 □答案质量一般 □答案不专业，只能把握几个关键点 □答案非常不专业，对关键点的把握非常模糊

对小组讨论过程中团队合作的评价		
序号	评价项目	评价结果
1	在该组讨论中，小组长能够带头，能有效组织小组讨论	□非常符合　□比较符合　□一般 □不符合　　□非常不符合
2	该组同学能够进行热烈的讨论	□非常符合　□比较符合　□一般 □不符合　　□非常不符合
3	该组中有至少 1 位同学一直沉默	□非常符合　□比较符合　□一般 □不符合　　□非常不符合
4	在该组讨论过程中，出现了不和谐的因素，甚至出现了吵架现象	□非常符合　□比较符合　□一般 □不符合　　□非常不符合

（5）综合性作业

> 为了增强公司的综合竞争力，提高公司产品质量和管理水平，某电子公司决定召开一次技术训练专题研讨会，会议的重点是讨论如何提高

> 技术训练的质量，需要秘书小妮负责这次会议的策划。请注重会议的流程安排，为小妮写一份会议方案。

二 教学设计二：拟写通知

1. 教学内容：拟写事项性通知

> 初春是甲型流感病毒传染的高峰期，病毒传染性较强，在人群密集的场所容易引发群体性感染。为了防止甲流在学校肆虐，某民办中学领导开会商议后决定全校放假一周。小黎是该民办中学的总秘书长，校长希望他拟写一份面向全校师生的放假通知。如果你是小黎，你会怎么拟写放假通知呢？

2. 教学目标

（1）知识目标：让学生了解通知的类型；掌握拟写每种通知所需要包含的内容以及注意事项。

（2）技能目标：通过分析案例，培养学生主动发现问题的能力；通过学生对问题的讨论分析，培养学生主动解决问题的能力；使学生能熟练拟写各种通知。

（3）情感目标：明白认真正确拟写通知的重要性，增强学生的职业责任感和对工作认真负责的服务意识。

3. 学生实践中的关键技能：抓取关键信息的能力、文字写作能力、灵活应变能力

4. 教学方法：课堂讨论教学法

5. 教学用具

（1）多媒体课件、案例资料。

（2）张贴板，类似于小黑板，可以固定在墙上。

（3）书写卡片，形状可以各异。

（4）大头针，要便于插上或拔下。

（5）其他，如记号笔、剪刀等。

6. 学时安排：2 课时

7. 教学过程

（1）环节一：讨论前的准备

教师活动	学生活动
(1)教师在采用课堂讨论教学法之前,先教授通知的结构与类型,打牢学生的理论基础。 (2)确定本课的教学方式:集中开放式讨论。 (3)可根据班级数规模组织和指导学生分组,综合考虑每组学生的个性特征,每组成员尽可能搭配合理。 (4)设计讨论的要求,教师应重点提出本次课堂讨论的主题:如何正确拟写通知。 (5)教师可以让学生思考以下问题:案例中的通知属于什么通知类型? 根据案例情境来拟通知,需要注意哪些事项?	(1)咨询:学生跟着教师提前学习好有关拟写通知的理论知识;学生按照教师的要求,尽快确定好分组,选好小组长;学生根据教师的讨论要求和主题资料背景,明确学习目标。 (2)计划:学生用 3 分钟的时间认真阅读案例资料,并认真分析研究,思考老师提出的问题。 (3)决策:学生每人发几张卡片,围绕案例材料写出自己的想法。针对每个问题写出自己的意见。

（2）环节二：讨论过程实施

教师活动	学生活动
(1)在课堂讨论过程中,教师不能过多地打断和做知识性讲解。 (2)在课堂讨论过程中,教师需要多观察,应在各阶段注意学生的表现,特别注意适时启发学生,鼓励学生各抒己见,表达自己的观点。 (3)对于小组讨论过程中出现的不和谐因素,教师要及时进行调解。	(1)学生将自己的卡片钉到张贴板上。 (2)用 15 分钟左右的时间进行认真讨论,小组每个成员就自己的卡片内容积极发言,对老师提出的每个问题发表意见。 (3)小组长要在讨论的同时做好讨论记录,总结形成本组关于讨论的问题的共识,并确定小组代表汇报本组讨论结果。

（3）环节三：讨论后的总结

教师活动	学生活动
(1)教师组织各小组做总结汇报,并且带领学生对每小组讨论的结果进行汇总,适当的时候提出问题,对结果进行探讨。 (2)每小组对讨论结果进行汇报展示后,老师和学生应及时给出反馈。	(1)各组代表汇报本组讨论的结果。 (2)在教师的带领下,全班同学讨论各小组汇总的结论,进行认真归纳,分析在该情境下拟写放假通知的正确流程和注意事项。

续表

教师活动	学生活动

可以总结正确拟写通知的内容如下：

第一,确定通知类型,指示部署性通知、转发(批转)性通知、发布(印发)性通知、事项性通知、任免性通知。

第二,撰写事项性通知主体内容,先写发文的原因、根据或者是目的,再写具体事项,写上通知发布时间;如内容比较复杂,应分条列项表达,务必使通知内容表达准确、清晰。

第三,撰写通知的注意事项,称呼要正确且得体、语句表达要客观不带情绪色彩、礼貌应对通知发布之后的疑问。

（4）环节四：教学评价

对各小组讨论结果的评价

序号	评价问题	答案评价
1	判断案例的通知类型	□正确,能够找到关键点分析 □错误,对通知的类型分辨不清淅
2	撰写通知的注意事项	□答案非常专业,能够找到关键点分析 □答案比较专业,对关键点的把握比较好 □答案质量一般 □答案不专业,只能把握几个关键点 □答案非常不专业,对关键点的把握非常模糊
3	撰写通知的礼仪	□答案非常专业,能够找到关键点分析 □答案比较专业,对关键点的把握比较好 □答案质量一般 □答案不专业,只能把握几个关键点 □答案非常不专业,对关键点的把握非常模糊

对小组讨论过程中团队合作的评价

序号	评价项目	评价结果
1	在该组讨论中,小组长能够带头,能有效组织小组讨论	□非常符合　□比较符合　□一般 □不符合　□非常不符合
2	该组同学能够进行热烈的讨论	□非常符合　□比较符合　□一般 □不符合　□非常不符合
3	该组中有至少1位同学一直沉默	□非常符合　□比较符合　□一般 □不符合　□非常不符合
4	在该组讨论过程中,出现了不和谐的因素,甚至出现了吵架现象	□非常符合　□比较符合　□一般 □不符合　□非常不符合

（5）综合性作业

某新媒体公司前天发生了漏电失火的事件，好在没有人员伤亡，但是损失了很多工作设备。为了防止该类事件再次发生，公司准备在各部门召开用电安全工作会议。您是该公司的总裁秘书，请您拟写一份面向全公司的会议通知。

第四节　课堂讨论教学法的应用思考

一　讨论问题的设计

1. 设计的讨论题应注重教学的目的性

课堂讨论并不是放任自由，讨论只有紧紧围绕主题才能达到良好的教学效果。这就需要教师在课堂讨论之前，依据课程标准认真备课，明确教学目的，预测和把握好教学过程中可能需要解决的问题。

2. 设计的讨论题应力求开放性

讨论主题设计的合理与否是成功运用课堂讨论教学法的关键所在。讨论主题要具备开放启发性的特点，以情境案例来激发学生发现问题，讨论题具有开放性，答案也具有发散性和多样性，这样才能使学生有话可说，课堂讨论气氛才能活跃。同时，教师需要对学生的讨论进行总结，消除学生激烈讨论后的迷茫感。

3. 设计的讨论题要具有争论性

讨论的问题要有一定的难度，学生才有讨论的动力。同时，在确定讨论的问题时，可以把容易产生模糊认识的问题让学生来讨论，使他们在讨论中相互启发，从而得出正确的结论。

二　讨论过程的控制

1. 讨论方式的选择

（1）集中讨论。全班学生围绕某一个问题进行讨论。集中讨论适合具有普遍性的问题，如学习中的重难点问题。这种讨论方式优势就是问题集中，讨论过程容易控制。但缺点也比较明显，由于人数较多，发言机会相对减少，因而学生的参与性受到限制。

（2）分组讨论。就是按照班级规模，把全班学生分成几个组进行讨论。各组可以组内确定讨论计划，就同一个问题进行讨论，或者围绕主题就不同的但相互联系的几个问题进行讨论。这种讨论方式能够有效地调动学生的积极性，使大多数学生有机会参与讨论，但讨论的过程不易控制。

（3）分组、集中式讨论。即先分组进行讨论，然后集中讨论，各组将讨论的结果在全班进行分享交流。

2. 教师在讨论过程中的主导作用

课堂讨论是一个动态的复杂过程。学生各有所想、各有所见。在课堂讨论过程中，教师要扮演好"导演"的角色，就需要把握好以下五个方面。

（1）教师备好背景资料，对讨论的问题进行详细的解释，创设好情境，让同学们明确讨论主题。

（2）教师要鼓励引导学生敢于发言、善于发言，引导学生分清主要矛盾和次要矛盾，讨论要言之有理、论之有据，在勇于表述自己的创见同时也要学会倾听。

（3）教师要密切关注讨论进程。对讨论过程中出现的有争议的问题要进行启发引导，使讨论向纵深发展；同时，引导学生以全面的、发展的眼光看问题、分析问题，防止学生走极端。

（4）教师要调控好讨论的全局，利用多种方式调节好讨论氛围，引导讨论的方向，不要偏离主题，并对讨论中的优缺点进行及时的鼓励性点评。

（5）教师要在必要的时候表明自己的看法，言简意赅地概括讨论的情况，使学生获得正确的观点和系统的知识，防止学生讨论迷失方向。对存在争议的问题，如果无法达成共识，应求同存异，不要强迫学生接受，给他们留有继续思考的空间。

三　讨论结果的处理

学生讨论结束并不意味着学生就掌握了，教师的教学目标就完成了。教师对讨论结果的处理是至关重要的。教师应对学生的讨论作必要的归纳、总结，使问题的结论更加明确、更有条理。

（1）对学生讨论分享的正确的观点和认识给予肯定，并提出充分的论据，让学生知道教师所肯定的观点为什么是正确的，使他们真正信服。

（2）对学生讨论中出现的错误的观点和认识要给予否定，并要让学生知道错在哪里。

（3）可以根据教学目的、教学内容之间的内在联系，结合学生的讨论，对所讨论的问题作必要的扩展和延伸，以加深学生对问题的理解，也可为理解和掌握其他方面的学习内容打下基础。

总之，科学地运用讨论法，才能充分发挥讨论法在教学中的效果，这就需要教师了解讨论法的基本特性，积极优化讨论法的各构成要素和各环节。同时，教师在运用课堂讨论法进行教学时，除了明确讨论法的一般要求外，还要结合自身、学生的实际能力，考虑不同学科的特点，灵活地、创造性地加以运用。

第十一章
教学方法五：案例教学法

第一节　方法介绍

一　案例教学法的简介

案例教学法，又称案例学习，是一个复杂的引导过程，其首要任务是发展解决问题的理念。在实践中最可能发现问题的各种情况。学习者必须独立地分析问题所处的环境，并且在团队工作中寻找解决方案。案例教学是在学生掌握了有关基本知识和分析技术的基础上，在教师的精心策划和指导下，根据教学目的和教学内容的要求，运用典型案例，将学生带入特定事件的现场进行案例分析，通过学生的独立思考和集体协作，进一步提高其识别、分析和解决某一具体问题的能力，同时培养学生正确的管理理念、工作作风、沟通能力和协作精神的教学方式。①

20 世纪初，哈佛大学首创了案例教学法，即按照一定的培训目的把实际中真实的情景加以典型化处理，形成能够为学生提供思考分析和决策的案例，通过独立思考和共同讨论来进一步提高其识别、分析和解决问题的能力。师生之间通过讨论也能增进交流，引起学生的主动思考。这种按照法律

---

① 王芳：《案例教学法在秘书学课程中的运用》，《现代企业教育》2012 年第 18 期，第 126～127 页。

工作中的立案办法把教学内容汇编成案例的教学形式十分受欢迎，并在如今的教育和培训中应用广泛。案例教学法一个基本的前提假设是学生可以通过研究和发现来进行学习，在必要的时候提取出相关的知识和技能。学生的学习环境要能为学生提供讨论和分析案例的机会，学生必须愿意且能够分析案例，然后与他人沟通交流并坚持自己的观点和看法。学生的参与度对案例分析的有效性至关重要。①

　　职业学校秘书专业教师承担着为地方培养秘书人才的职责。在教学中采用适应职业教学特点的教学方式是非常必要的。要培养适应现代化生产建设需要的秘书人才，除了教给学生必须、够用的基础理论知识外，更要重视理论教学对实践的指导作用，做到理论联系实际，学以致用。要做到理论联系实际，案例教学法就不失为一种很好的方法。职业学校的秘书学是一门实践应用性很强的学科，理论知识的学习虽然可以帮助学生提高认识，但是靠教师的讲授以及阅读书籍难以提高学生的工作能力，必须通过不断的实践操作来不断地积累和提升，做到理论与实际的结合，学以致用，从而培养学生满足实际工作所需的知识、能力及意识。案例教学法是一种将知识与能力、理论与实践、态度与习惯恰当结合的有效的学习方式，是秘书学教材与秘书实际经验相联系的纽带，在秘书学的课程教学中起着至关重要的作用。学生在大量具体的秘书工作案例分析的分析和讨论下，对国内外秘书活动及工作情况有着更加充分的了解，通过间接经验体验秘书工作，从而能够举一反三，逐步掌握秘书工作的技能和窍门，为之后走上工作岗位、较快适应角色奠定基础。

　　案例教学法是教师根据教学目标的需要，以具体的案例为载体，通过组织学生对典型案例进行分析、讨论并结合教师的精心讲解，引导学生从具体到抽象、从个别到一般，从实际案例中学习、理解和掌握一般规律、方法、原则及操作经验，从而将感性认识上升到理性认识的教学方法。②

---

① 郑韶诗：《谈秘书学课中案例教学法的应用》，《科技信息》2010 年第 14 期，第 294 页。
② 李莎红：《论案例教学法在中职秘书学教学中的适用性》，《中国科教创新导刊》2009 年第 18 期，第 62 页。

对于职业院校学生而言，技能型、实践型的知识更能调动他们的学习兴趣，教师如果能够因材施教，根据学生的实际需要实施案例教学法，将秘书工作的方法、规律与技巧插入实际的案例分析中，从而激发出学生对秘书学的浓厚兴趣，萌发出主动学习的心态，让他们树立起学习的信心、取得良好的学习效果。

二 案例教学法的阶段

1. 课前准备

案例教学是在一个开放的环境里进行的，教学过程中还可能遇到许多问题。因此，要搞好案例教学，教师必须舍得下功夫，做好充分扎实的课前准备，灵活地运用教学技巧组织案例教学。

2. 明确教学目标

教学目标是学生通过案例学习所应达到的能力水平及对学生进行测验的手段和标准。教学目标可分解，既要清楚可以通过案例解决什么层次的什么问题，又要明确体现出学生解决问题时所显现的能力水平；既要考虑到学生学习能力、态度的改变，又要考虑学生的条件和状况。

3. 选择好教学案例

案例是实施案例教学的前提条件之一。因此，在明确教学目标基础上，要选择适度、适用的教学案例。所选的案例既要与教学目标相吻合，又要是教师自己能把握得了、学生易于接受和认同的案例。教师能否把握案例取决于教师对案例涉及的环境背景是否了解，对案例涉及的知识领域是否掌握，对案例涉及的问题是否有相应的解决处理经验（包括直接管理经验和教学经验）。而学生能否接受和认同案例，主要看案例所描述的是否为其身边或可能发生的事情，所提问题是否为其经常遇到或可能遇到的问题，以及通过案例学习是否可以解决学生思想和工作上的问题，提高其认识水平和工作能力。

4. 营造良好的学习环境和氛围

营造良好的学习环境和氛围，一是需要学员内在的学习动力；二是需要学员外在的学习激励。教师在组织案例教学时要坚持以鼓励为主，调动积极因素，保持学生的学习热情和兴趣；坚持集体参与原则，鼓励学生发表不同的意见，鼓励和主张对事不对人的交流方式；坚持以学生为主，即以学生学习需求为主，在课堂策略上采取使学习者经验共享的方式，营造一个氛围，让知道者告诉不知道者，让不同经验得到交流、使学生通过学习能充分分享来源丰富的各种信息，尊重和发挥学生的学习风格，使学生真正感到他们是课堂的主体、是学习的主人。

5. 案例教学过程中的四个环节

（1）阅读案例，个人分析。第一个环节是一个基础环节，这个基础不打牢，就可能使整个教学过程流于形式。

（2）小组讨论，形成共识。第二个环节是集中集体智慧阶段，必须充分展开，避免走过场。

（3）课堂发言，全班交流。第三个环节通常可由教师主持，事先指定好中心发言人，以保证讨论效果。全班交流是课堂教学高潮，是形成教学结果的重要环节，也是全班学员经验与知识共享过程，需要教师和学员做好充分的准备。

（4）总结归纳，消化提升。第四个环节通常先由教师对课堂教学的全过程进行归纳、评估。教师总结可引而不发，留给学员进一步思考的余地，通过总结，帮助学员思考问题。如从案例教学法的内容和过程中，学到了什么？得到哪些有价值的启示？是否通过案例学习掌握了处理问题的新思路、新方法，以及在实际应用中应注意的问题等。到了这一步，完成了理论与实践的结合。

第二节 教学内容适配性分析

案例教学法是教师根据教学目标的需要，采用案例进行讲解及组织学生对所选案例进行分析讨论，引导学生从实际案例中学习、理解和掌握秘书工作的一般规律、方法、原则及操作经验，从而将感性认识上升到理性认识的教学方法。在秘书学教学中，案例教学这种师生共同参与的教学方法是必不可少的。案例教学法应用范围非常广，不论是内容涉及理论、实践、理实一体化，还是教师在进行理论课教学、实践课教学，均可以使用案例教学法。

如在秘书受理信访工作领域，可以利用案例教学法的内容包括来信受理、来访受理、来电受理、信访转送、信访承办、信访督办、信访结案、信访报告、信访答复、信访复查、信访立卷归档等。

第三节　教学设计与案例分析

运用案例能够将学生代入特定事件的现场进行独立思考和集体协作，从而培养学生分析、解决问题的能力。为了加强学生对案例教学法的理解和运用，本节选取重要知识点——秘书与领导相处的方法与技巧作为教学内容，采取案例教学法来进行教学设计与案例分析。

一　教学设计一

1. 教学内容：秘书应该如何与领导相处、贯彻领导意图

案例一

某机关王处长，不问青红皂白，写信把另外一部门的属下严厉地批评了一顿，批评他办事不力。结果几天之后，真相大白，是王处长冤枉了那位属下，王处长十分后悔，决定亲自打电话向那个属下道歉。

这时一旁的李秘书得意地说："不用了，你那封信我根本没有发出去，因为我知道你会后悔的，所以我就把信压下了。"

王处长听了后如释重负，然后又怀疑地问她："压了整整三个星期？"

李秘书说："是的。"

"那么最近发到欧洲那几封信也压下了吗？"

李秘书说："我没有，因为我知道那些信是不该压的。"

结果没想到王处长大怒："这事是你做主还是我做主?!"

李秘书说："我做错了吗?"

王处长说："是的。"

就这样李秘书被记了一个小过，只是没有公开。当然李秘书觉得自己满肚子的委屈，逢人便倒苦水、说委屈。不久整个单位都知道了这件事情。结果，半月之后，李秘书就调走了。

案例二

某商业公司赵副总经理因一项对外业务工作，与焦总经理争执起来。后来，赵副总经理在与王秘书外出乘车时，埋怨焦总经理主观、武断、不尊重他的意见，导致决策失误，给公司经营造成了损失。王秘书知道总经理与副总经理因工作意见不同，有些分歧。总经理是一位有能力、有魄力、办事雷厉风行的人，但不太注意方法，工作中得罪了不少人，职员中对他这一点也颇有意见。副总经理考虑问题周到，群众关系好，也关心别人，但决断能力差些。从心底讲，王秘书个人感情上更倾向副总经理。今天，副总经理谈起他与焦总的分歧，明明是想争得秘书对他的支持和同情。

2. 教学目标

（1）知识目标：掌握处理领导事务的正确流程，培养创新意识，锻炼自身的思维模式，正确领会领导意图。

（2）技能目标：掌握与领导及同事沟通交流的方法和技巧，培养良好的人际关系，提升自身修养，培养学生的语言表达能力和独立思考能力。

（3）情感目标：贯彻领导的意图，明确领导的情感需求；具备严谨的工作态度和良好的职业习惯，培养优良的职业道德；提升秘书学学生的政治水平和秘书素养。

3. 学生实践中的关键技能：掌握针对领导特点做出恰当应对行为的能力

4. 教学方法：案例教学法

5. 学时安排：1 课时

6. 教学过程

（1）环节一：案例引入

教师活动	学生活动
(1)教师简要概括本堂课所要学的秘书学内容,并阐述重难点知识。 (2)完成基础知识的学习,教师引入案例,让学生在讨论和分析的过程中掌握秘书学的相关知识。 (3)为提升学生的讨论效果,引导学生进行分组,鼓励学生以小组合作的形式展开讨论,做好案例讨论的准备工作。 (4)带领学生阅读几遍案例,对案例中信息量大的段落重点强调。 (5)引导学生提出需要讨论的问题,判断学生所提问题是否符合教学标准,引出本节课重要内容:秘书应该如何与领导相处、贯彻领导意图。	(1)学生分成 2~3 人小组,由小组长组织讨论。 (2)学生根据老师的提示学生初步阅读案例,对案例内容有大致的了解。 (3)带着老师提出的问题再次阅读案例,总结需要讨论的问题:秘书小李错在哪里? 王秘书此时应该怎么办?

（2）环节二：案例讨论

教师活动	学生活动
(1)教师对学生初步讨论的结果进行评判,对每个小组的观点进行点评并及时指出讨论过程中的不足以及遗漏之处,针对学生存在的普遍问题进行重点讲解。 (2)教师应该进一步给出一些深层次问题。	各小组带着教师提出的深层次问题讨论。在讨论的过程中,各成员要各抒己见,充分表达各自的想法和意见,陈述自己的理由和依据,说明自己的决策和方案,并就不同的方案进行分析比较,集思广益,达成共识;如果不能形成共识,也不一定强求一致,可将各种意见和方案同时保留。

让学生带着以下问题去阅读案例：
(1)如果你是李秘书会怎样处理领导的信件?
(2)李秘书在与领导相处过程中的态度有什么问题?
(3)李秘书最终被调走的原因是什么?
(4)秘书在受到委屈时应该怎样处理?
(5)王秘书应该怎样回应副总经理较为恰当?
(6)王秘书是否应该支持副总经理? 为什么?

（3）环节三：汇报总结

教师活动	学生活动
(1)案例讨论结束后,教师要求一名组员总结并概括本组组员的意见和看法,根据学生提出的问题进行总结,解答学生普遍存在的问题,教师将总结的结果用多媒体展示出来,看本组的结果是否有遗漏。此外,可以引入角色扮演方式对案例进行演绎,方便学生更好的理解。 (2)学生自由发言点评,教师抽查学生进行点评,教师对学生的看法给予评价。在本案例中,学生陈述讨论结果,教师判断其中是否有最佳答案,如果没有,教师要引导学生找到最佳答案。	同学们根据多媒体展示的内容自然地做出选择,在场下的学生与教师一起,讨论每一种做法的优劣,学生对秘书与领导相处的技巧就有了更深刻的认识。

针对第一个案例,不同的学生会有不同的看法,有的同学支持李秘书的做法,认为其帮助领导挽回了不可悔改的局面也倾诉了自己的不公待遇;但也有同学认为李秘书的做法过于鲁莽,没有顾及领导的颜面,也没有正确领会领导意图,始终以自我为中心,没有站在领导的角度思考问题。

针对第二个案例,可能会有如下的几个讨论结果:

(1)投其所好,表示对赵副总的支持和同情,并对总经理颇有微词;

(2)维护一把手的权威,指出总经理为公司发展作出的种种努力,取得的累累成效;

(3)直言相谏,指出副总经理把领导之间分歧讲给下级听,这样不利于领导班子团结,也弄得下级无所适从;

(4)保持沉默,对副总的话不表态,或转移话题,谈其他事情;

(5)耐心解释,说好话不说闲话,以弥合领导间的裂痕。

（4）教学评价

对各小组讨论结果的评价		
序号	评价问题	答案评价
1	如果你是李秘书会怎样处理领导信件?	□答案非常专业,能够找到关键点分析 □答案比较专业,对关键点的把握比较好 □答案质量一般 □答案不专业,只能把握几个关键点 □答案非常不专业,对关键点的把握非常模糊
2	李秘书在与领导相处过程中的态度有什么问题?	□答案非常专业,能够找到关键点分析 □答案比较专业,对关键点的把握比较好 □答案质量一般 □答案不专业,只能把握几个关键点 □答案非常不专业,对关键点的把握非常模糊

对各小组讨论结果的评价

序号	评价问题	答案评价
3	李秘书最终被调查的原因是什么？	□答案非常专业,能够找到关键点分析 □答案比较专业,对关键点的把握比较好 □答案质量一般 □答案不专业,只能把握几个关键点 □答案非常不专业,对关键点的把握非常模糊
4	秘书在受到委屈时应当怎样处理？	□答案非常专业,能够找到关键点分析 □答案比较专业,对关键点的把握比较好 □答案质量一般 □答案不专业,只能把握几个关键点 □答案非常不专业,对关键点的把握非常模糊
5	王秘书应该怎样回应副总经理较为恰当？	□答案非常专业,能够找到关键点分析 □答案比较专业,对关键点的把握比较好 □答案质量一般 □答案不专业,只能把握几个关键点 □答案非常不专业,对关键点的把握非常模糊
6	王秘书是否应该支持副总经理？为什么？	□答案非常专业,能够找到关键点分析 □答案比较专业,对关键点的把握比较好 □答案质量一般 □答案不专业,只能把握几个关键点 □答案非常不专业,对关键点的把握非常模糊

对各小组展示的评价

评价内容		评分细则（分）				成绩水平		
		1~2	3~4	5~6	7~8	自评	他评	教师评价
准备环节	课前资料准备（图片、阅读资料等）							
	排版合理;标点、文字等错误少;利用多媒体技术							
展示环节	精神面貌饱满（体态、姿势、精神等）							
	声音音量合适							
	展示具有互动性,考虑观众感受							

续表

对各小组展示的评价							
评价内容		评分细则(分)				成绩水平		
		1~2	3~4	5~6	7~8	自评	他评	教师评价
展示环节	展示环节合理,在规定时间内完成							
	展示方式具有趣味性							
内容方面	观点明确							
	观点具有一定的创新性							
	内容逻辑清晰							
	运用相关细节和例子证明自己的观点							
建议								

（5）综合性作业

> 学生分角色来扮演案例中的各个人物，让学生代入自己的感受亲身体会案例中的场景，如果你是案例中的李秘书或是王秘书你会怎么做，并就此次扮演活动写一篇心得体会在班级中分享。

二 设计二：会议送别的程序、方法及注意事项

1. 教学内容：会议送别的程序、方法及注意事项

> 晨曦公司承办了营销协会的年会，会务组的李秘书负责代表们的返程工作。由于这次会议会期较长，李秘书在会议通知的回执中就要求与会人员填写返程时间、所乘坐的交通工具等内容。鉴于会议期间，有的代表可能在返程时间和选择交通工具上有所变化，所以在会议进行到一半时，李秘书又逐个找代表进行核对，落实最后的返程日期、乘坐的交

通工具，以及车次、航班等。有的代表还没来得及购买返程票，不清楚车次、航班或返程时间的，李秘书就与代表一起商量，争取做出最佳选择。全部代表确定完毕以后，李秘书抓紧时间预定车、船、机票，尽量满足代表的要求。实在不能做到的，及时找代表沟通，重新选择，再行预定。会议接近尾声时，李秘书开始忙碌起来，穿梭于代表之间送票，同时，统计需要送站代表的名单，把他们出发的时间分成几个集中的时间段，以便派专车接送。与会代表离会那天，李秘书提醒代表与会务组结清费用、归还所借物品、收好自己的物品和票据，准备返程。

在酒店门口送别代表，看着代表们登上送站的车辆，李秘书终于松了一口气。还有两位会议结束后暂不返回需要暂住的代表，李秘书都已经给予了妥善的安置，尽量满足他们的需要。在与会代表填写的会议评估表上，李秘书安排的返程工作得到了大家的一致好评。

2. 教学目标

（1）知识目标：掌握会议送别的程序及注意事项，明确会议前后需要完成的事务，了解秘书的工作任务以及会议送别的工作环境，学习秘书学以外的知识与信息，培养全面发展的人才。

（2）技能目标：学会使用工具，掌握信息收集的方法和技巧，能够熟练预定车、船、机票，掌握与人高效沟通的技巧。

（3）情感目标：具备临危不乱、能够冷静处理突发情况的心态，让学生深刻认识到秘书职业道德的重要性，养成良好的职业素养和职业习惯，做事认真谨慎的工作态度以及大国工匠精神。

3. 学生实践中的关键技能：掌握快速查询和收集信息的方法及技巧

4. 教学方法：案例分析法

5. 学时安排：1课时

6. 教学过程

（1）环节一：案例引入

教师活动	学生活动
（1）教师在案例导入之前，先向学生讲解会议送别的相关知识，完成了基础知识的教学就可以用多媒体将案例向学生展示。 （2）教师做好案例讨论的准备工作，计划将学生分为 3～5 人一组，为学生呈现一个良好的讨论环境。 （3）带领学生认真研读案例内容，提出一些启发性问题，引导学生带着问题继续研读案例，提示学生案例中的重要节点及故事梗概，为下一步的案例分析做充分的准备。	根据教师布置的案例及其问题，学生按照小组由组长带领认真研读案例内容，组长将组员的困惑与思考及时记录下来，向教师询问。

在此过程中，首先学生要注意案例的开头和结尾，以及其中可能暗含的知识点。其次，要注意案例中的时间、地点、人物、事态的因果及经过等基本状况。在大致浏览案例之后，学生会对案例有初始印象，然后再仔细阅读案例，了解案例的细节，必要时需在草稿纸上对重难点部分作批注，提炼案例的中心。最后学生应结合案例中会议送别的重点结合其细节之处进行分析。

（2）环节二：案例讨论

教师活动	学生活动
（1）教师在讨论过程中应扮演一个"旁观者"的角色，不过多地参与到学生的讨论之中，教师要悉心洞察每个学生的状态，在遇到困难时提供相应的帮助。 （2）在学生讨论的过程中，教师要不停在小组之间走动，要使每个学生都参与到讨论过程中，让学生在这个环节中，思想得到碰撞和交流，最后达成共识。	（1）在讨论过程中，学生发挥自身的主观能动性，根据自身已有的理论知识及课前对教学内容的预习，积极主动地参与到案例的讨论中。 （2）在小组讨论中，要悉心听取其他同学的观点，勇于表述个人观点。学生在分析案例时，要从自身角度出发结合生活经验去观察、思考和分析案例并得出自己的观点。
教师引导学生进行深层次的思考，根据案例内容思考以下几个问题： （1）分析李秘书送别会议代表的过程中有什么值得借鉴和总结的地方？ （2）会议送别的流程是怎样的？ （3）李秘书获得大家一致好评的关键原因是什么？ （4）做好回忆送别工作需要掌握哪些方面的信息？ （5）在会议期间以及会议结束后分别要做些什么？	针对这个案例，学生可能会有如下的几个讨论结果： （1）李秘书会议送别细心、周到，归功于其周密的计划； （2）对一些会议送别的例外要区别对待； （3）有关会议送别的信息要及时与参会人员沟通； （4）作为秘书人员，要有良好的服务心理； （5）做好会议送别需要掌握各种交通工具的时刻表、会议流程表，并且具有快速预订车票的能力。

（3）环节三：汇报总结

教师活动	学生活动
课堂总结应该先由学生进行总结，再由教师进行总结与归纳。学生的总结是在呈现案例、讨论案例、分析案例过程中的寻求收获和不足。在此基础上，教师对学生的回答加以补充与更改，为学生在课下的自我总结、梳理知识脉络提供帮助。	学生通过发言汇报本组讨论的结果，首先由各小组选出代表发言，其他学生可做补充，也可以做评判发言，归纳出一般性的理论观点。学生将案例与所学的理论知识结合起来，对秘书会议的送别工作有更加清晰的了解，同时也为秘书职业生涯规划打下基础，使其朝着目标去努力。

（4）教学评价

对各小组讨论结果的评价		
序号	评价问题	答案评价
1	分析李秘书送别会议代表的过程中有什么值得借鉴和总结的地方？	□答案非常专业，能够找到关键点分析 □答案比较专业，对关键点的把握比较好 □答案质量一般 □答案不专业，只能把握几个关键点 □答案非常不专业，对关键点的把握非常模糊
2	会议送别的流程是怎样的？	□答案非常专业，能够找到关键点分析 □答案比较专业，对关键点的把握比较好 □答案质量一般 □答案不专业，只能把握几个关键点 □答案非常不专业，对关键点的把握非常模糊
3	李秘书获得大家一致好评的关键原因是什么？	□答案非常专业，能够找到关键点分析 □答案比较专业，对关键点的把握比较好 □答案质量一般 □答案不专业，只能把握几个关键点 □答案非常不专业，对关键点的把握非常模糊
4	做好会议送别工作需要掌握哪些方面的信息？	□答案非常专业，能够找到关键点分析 □答案比较专业，对关键点的把握比较好 □答案质量一般 □答案不专业，只能把握几个关键点 □答案非常不专业，对关键点的把握非常模糊

续表

对各小组讨论结果的评价		
序号	评价问题	答案评价
5	在会议期间以及会议结束后分别要做些什么？	□答案非常专业，能够找到关键点分析 □答案比较专业，对关键点的把握比较好 □答案质量一般 □答案不专业，只能把握几个关键点 □答案非常不专业，对关键点的把握非常模糊

对小组讨论过程中团队合作的评价		
序号	评价问题	答案评价
1	在该组的分析中，小组长能够带头，能有效组织小组进行案例分析。	□非常符合　□比较符合　□一般 □不符合　　□非常不符合
2	在该组的案例分析中，每位同学都能找出李秘书值得借鉴的地方。	□非常符合　□比较符合　□一般 □不符合　　□非常不符合
3	该组中每位同学都了解了会议送别的流程。	□非常符合　□比较符合　□一般 □不符合　　□非常不符合
4	在该组分析案例的过程中，出现了不和谐的因素，甚至出现了吵架现象。	□非常符合　□比较符合　□一般 □不符合　　□非常不符合

（5）综合性作业

5人分为一个小组，学生分别扮演秘书、会务组工作人员、司机、参会者，演练送别参会者的全过程，使学生能够得体地进行会议送别。

第四节　案例教学法的应用思考

一　案例教学中教师的任务

搞好案例教学，离不开一批既具有较高理论水平，又具有一定实践经验的高素质"双师型"教师。没有这样一支教师队伍，案例教学要想取得预期效果是很困难的。尤其是实战性和技能性很强的秘书学专业，对相关教师的素质要求就更高。其表现为，一方面可以从多方面、多角度、多层次阐述相关的理论问题，另一方面又可以在实践中有效指导学生实际锻炼，即既是教师又是师傅。总的来说，在案例教学过程中，教师有十二大任务：

（1）使讨论井然有序；

（2）提出切中要害的和关键性问题；

（3）把学生个体的讨论意见集结在一起；

（4）要具有时间概念；

（5）避免总是使用同样的案例；

（6）协助学生理清思路，使观点站得住脚；

（7）不要批评不同意见；

（8）当学生提问题时，教师不要藏着自己的认识；

（9）总结放在讨论的最后；

（10）要完全掌握案例中所展示的全部事实；

（11）对案例的教学目标、难点和重点及教学技巧等进行分析；

（12）监督检查学生的课堂学习情况。

二　教师要注意激发学生的学习兴趣

案例教学的实施，离不开具有一定基础素质的学生。案例教学的效果好坏，直接取决于学生能否积极参与和配合，取决于学生是否具备相应的知识水平和技能。案例教学的目的之一，就是促使学生由被动地接受教育转变为主动地学习理论知识和实践技能，变"要我学"为"我要学"，在学习中认识自己、提高自己。因此，学生是否具有自主意识、参与意识就成为案例教学能否成功的关键。如果认识不到这一点，不根据学生的实际状况盲目安排案例教学，就有可能出现无人参与或参与人数过少的情况，陷入学生无动于衷、教师被动尴尬的境地。根据现行职业学校录取规则，学校录取的学生在整体水平并不是很高的情况下差异较大、参差不齐。部分学生自身素质不高，学习的积极性、主动性和自主意识较差，对事物的分析判断能力有限等，所有这些都为任课教师组织案例教学活动带来困难。

所以，任课教师应从引导学生兴趣入手，鼓励学生大胆发言、主动发言，引导学生思考问题的思路与方法，指导学生应该如何准备案例分析材料，在案例分析中如何结合实际去发现问题和解决问题，所采用的案例应由浅入深、由易到难，循序渐进，逐步提高学生的学习兴趣、理论水平和实践技能。

三 案例主题的选定

在选择案例时，案例必须服务于教材，与教材内容相统一、互相配合、互相支持。因此，教师应对零散混乱的案例进行精心的筛选和加工，将案例有机地组织到教材的知识体系中去。在案例教学中，首先要合理地设计案例。案例的设计要满足三个条件：一是案例应有真实性；二是案例要有一定代表性；三是案例要设计问题。另外，所选案例要具备五个要素：背景，即事件发生的时间、地点、人物、起因等；主题，即事件体现的问题、理念、重点、难点等；细节，即事件特定的内容、节点、逻辑、过程等；结果，即事件实施的思路、效果、反映、感受等；评析，即事件价值的议论、分析、判断、反思和升华。其次要把学生作为教学的主体。强调的是作为学习主体的学生对案例的问题做出的决策。教师只是案例教学活动的参与者。同时大量运用现代教学手段以提高学生学习兴趣，如多媒体、互联网等。

四 案例的编写

1. 遵守编写原则

要选择资深专业教师编写内容简明扼要但涵盖本学科的基本知识和基本技能，每一个案例要有学习提示或相应的问题。教师应吃透课程内容的重点和难点，以案例引导学生进行课外的自我学习、查阅资料和准备讨论提纲，激发学生提出问题，带动学生的思维，并将秘书学基础知识和礼仪原则等结合串联起来，使学生由单向思维向多向思维转变。①

2. 确定主题，拟订编写计划

每个案例都是围绕明确的主题而形成的，这个主题可以来自某个单一的职能领域，也可以是若干领域内容的综合。比如，要写一个领导出差事务办理的案例、秘书收发文办理的案例等。因此，案例编写的第一步就是大致确定要采编的主题。然后根据这个主题拟订编写计划，编写计划要尽可能详尽，涵盖案例采编的全过程。

3. 实地调研，收集资料

要写出高质量的案例就要有充足的资料，案例编写过程中大量的时间、精力和费用都用于开展实地调研、收集资料上。收集资料需要讲求科学性，作为案例编写者必须懂得什么是案例资料、哪些资料是编写案例所必需的、如何去收集案例资料、如何使用案例的原始资料等。可以说，没有足够的原始资料，就不可能编写出高质量的案例，即使能勉强编出案例，其使用价值也不大。

4. 素材加工，构思写作

在现场调研中，所收集来的原始资料还很粗糙，良莠不齐，不能一股脑儿搬进案例中去，必须进行加工，去粗取精、剪裁得体。案例的构思写作一般包括拟订写作提纲、撰写初稿、修改直至定稿几个阶段，要始终坚持案例既定的教学目的、主题和关键问题这条明确的轴线。

5. 编写使用说明

案例使用说明是案例的重要组成部分，对于案例在教学过程中的有效使用具有重要价值。逻辑上说，最好在案例进行实践教学后再编写使用说明，但是由于案例评审入库要求，编写者往往在完成案例正文后就着手编写使用说明。在编写使用说明时，可以充分利用调研获取的各类信息资料，对案例正文的使用起到良好的补充和指导作用。

---

① 段亚平、曲妮、李勇、格桑曲珍：《PBL 案例的设计与编写》，《中国高等医学教育》2011年第 3 期，第 57~58 页。

6. 企业确认，评审入库

案例文本编写完成后，还有两项重要的程序性工作。一是获得案例来源的企业方准许使用的授权书和批准书；二是按照要求对案例进行评审，将标准的案例收入案例库。

五　使用案例教学法的注意事项

1. 扩展知识与提高能力相结合

教师不仅要让学生听案例，还要他们了解案例，不仅要让学生知其然，而且还要让学生知其所以然，这样才能提高学生的能力。

2. 教师引导与学生探求相结合

学生的探求是指学生参与案例教学的过程，教师根据讲课的内容提供案例，这本身也是对学生进行演绎思维的练习。

3. 常规讲述与多媒体、互联网演播相结合

口头讲述案例是最常见的方式，其优点是运用灵活、方便，缺点是生动性、形象性欠佳。案例若是用多媒体和互联网教学手段播放给学生看，其最大的优点是保持了原有的生动性、形象性，同时信息量大；此外是问题的探究性强，这样有利于提高学生发现问题的能力，使学生学会从多种角度去认识和解决问题。

4. 设计好问题及要求，倡导案例答案的多维性

在案例教学中，教师单方面的讲授对学生的启示有限，因此教师要设计好案例分析的相关问题，在学生思考时进行适当的引导，使案例的讨论紧密围绕中心问题展开，但不对学生的思维以标准答案去设限。而同学们通过逐条分析找到问题的关键，寻求最好的解决方法，就是专业学习的好方法。美国著名学者苏珊·朗格说："在社会科学中没有正确的答案，只有不同的答案。"教师应该鼓励学生多角度地去思考问题，倡导问题答案的多维性，为学生营造出一个创造性思维的环境。

第十二章
教学方法六：考察教学法

第一节 方法介绍

一 方法介绍

考察法是指根据职业教学目的，由教师和学生共同计划，教师组织、指导、协助学生到现实场所，如自然界、生产现场和社会生产、生活场所，对实际事物、过程或现象进行实地观察、体验、调查、研究，从而获得新信息、新知识，或巩固、验证、扩大已学知识和训练能力，丰富专业经验，增强专业精神的一种教学方法。

考察教学法有时又称调查教学法，常被运用于许多专业教学中。考察教学法与传统的参观教学法有着本质的区别。考察法是从人类学中借用过来的定性研究方法，指为明白一个事物的真相、事态发展流程，而对事物进行直观的、局部的、详细的调查。迁移到职业教学中即是通过有目的、有计划、有针对性地就某一主题或专题进行实地观察、体验、调查和研究的教学方法。①

考察法是一种由教师指导学生"贴近现实"的教学方法，它不同于在课堂、实验室或实训场所进行的教学活动。对学生而言，它是一种走进现实

---

① 张星春：《浅析考察教学法在教学中的运用》，载《2011 无锡职教教师论坛论文集》，机械工业出版社，2012，第 205~209 页。

生产、生活，走到工厂、矿山、企业、车间、田间、地头、社区、机关等实际生产生活场景，用学生自身的感官、身心，通过类似中医"望、闻、问、切"的活动，用自己的眼睛观察、用自己的耳朵倾听、用自己的舌头品尝、用自己的头脑思考、用自己的内心体验，独立而广泛地搜集、整理来自生产生活实际的信息，从而获得关于事物、过程与现象的完整的、立体的认识的一种学习方法。这种教学方法不是单一的方法，它包含着其他方法，如观察、讨论、体验、尝试、研究等，是许多方法的整合运用，具有综合特性。在职业学校中运用考察法教学有三个重要意义[①]。

第一，将书面理论间接学习转换为直观形象的感性实践。学生通过对相关企业进行考察，与秘书的现实职场情境零距离接触，对秘书职业的工作环境有了清晰的认识，能在较短的时间内获取大量的专业知识及专业技能，增强职业意识，认清秘书行业所需的职业技能与素质和自身现有实力间的差距，从而确定今后努力的方向，达到学习和实践相结合的目的。[②]

第二，现场与企业人员互动交流，尤其是与秘书的直接交流，可以锻炼学生多方面的能力。考察法的教学过程是学生与被考察对象相互影响的互动过程。学生在与真实的工作人员沟通交流时拓宽了传统学校教育中的师生、生生关系，能够培养学生较好的沟通交流能力、人际交往能力以及随机应变能力。

第三，有利于团队协作，使计划周密完整。有效的考察需要制订周密的计划，师生都需要做好充足的准备。因为考察要面向真实的职场情境，学生为完成考察任务需要共同协作，各方面要密切配合，加深联系，注重团队共同学习和交流，在此过程中锻炼了学生解决实际问题的各种职业关键能力。

目前，在西方国家的教育中，特别是在德国的职业教育领域，考察教学法已被广泛采用。20世纪80年代，我国开始引入考察教学法，但未被广泛使用。

---

① 戚国华：《"考察法"在高职职业认知类课程教学中的应用与研究——以商务秘书专业〈秘书职业概论〉课为例》，《长沙民政职业技术学院学报》2014年第1期，第102~104页。

② 戚国华：《"考察法"在高职职业认知类课程教学中的应用与研究——以商务秘书专业〈秘书职业概论〉课为例》，《长沙民政职业技术学院学报》2014年第1期，第102~104页。

德国教育家第斯多惠（A. W. Diesterwag）指出"教学的艺术不在于传授的本领，而在于激励、唤醒、鼓舞"。再好的教师也不可能教给学生能够维持永久的知识与技能。因此激发学生学习兴趣、教会学生学习方法、鼓舞学生交流合作的行动非常重要，而以行动为导向或以工作过程为导向的教学方法，符合职业学校学生学习特点，培养学生适应劳动力市场需要，具备较强综合能力，在各职业院校得到职教教师的探讨研究和应用。[①] 考察教学法是行动导向教学方式中应用最广泛的方法之一。可以使学生通过考察获得感性认识，学习到很多书本上不能学到的知识。考察教学法通过创设真实情境，把学生带到生产现场，通过参观工作场景给学生建立感性认识，与工作职场"零距离"接触，给学生后期的专业知识学习打下良好的基础。

考察教学法与调查教学法，既有联系，又有区别。考察包括调查，调查是考察的一种方式，考察除了调查，还有体验、感受、探究等方式。调查可以通过书信、电话、网络等方式进行，而考察必须实地进行，即必须进入生产、生活第一现场，深入其中，去观察、感受、体会、询问、研讨，获取考察对象的第一手材料。因此，考察比调查更丰富、更鲜活，更能获取完整、多样的信息，从而对考察对象有更全面、真实的理解和更深入、准确的把握。

考察教学法在教学应用中主要应体现体验性、探索性、自主性、社会性、活动性、综合性等教学特点。

考察教学法的主要形式有：准备性考察、并行性考察、总结性考察。按照考察内容，可将考察教学分为：生产考察、社会考察、管理考察等。

二 考察教学法的阶段划分

1. 准备阶段

考察前，教师要实事求是地根据教学要求和现实条件，确定参观的目的、时间、对象、重点和地点，并在校内做好考察前的充分准备。

---

① 李旭：《探索、创新、超越——高职教育课程教学改革：考察教学法及应用》，《电子制作》2014 年第 15 期，第 185～186 页。

首先，教师应该让学生明确考察目的和方法。学生对实地考察是有浓厚兴趣的，但要完成考察任务，还必须让学生按考察的任务和要求进行，否则也不会收到好的效果。在考察前教师对学生进行考察方法的指导也是必不可少的，如教师要让学生明确带着哪些问题去考察、为解决这些问题必须收集哪些资料、用什么方法进行资料收集等，这样就有利于学生顺利地完成考察任务。

其次，选好考察点做好考察的组织准备。考察点的选择必须有利于学生对相关资料的收集以便顺利完成考察任务；同时，还应注意考察环境的安全性。被考察单位应具有相应的资质，考察对象应有典型性、代表性，其生产条件、设备设施、技术装备、生产流程、管理状况能基本满足学生学习的需要，能为学生提供参观、学习、调查、研究的便利，以便印证或深化课堂学习内容，使学生学有所得、学有所感。当然，也可组织学生考察条件较差的企业，让学生研究其存在的问题，提出改进对策。考察必须寻求考察单位的大力支持、密切配合，考察可能给考察单位增加压力、带来诸多麻烦，因此，教师必须事先与考察单位取得联系，进行解释说明，争取考察单位的支持、配合。顺利完成考察教学，不仅需要考察单位同意接受考察人员，还需要考察单位给予一定的人力上的支持与协助，如让厂长、经理、车间主任和有经验的师傅、技术员接待、解说、示范，对学生的考察学习给予必要的、细心的指导，回答学生的提问，满足学生的考察需要。

再次，组织学生外出考察，不能让四五十人的大集体统一活动，也不能让学生全部分散为个别行动。最好的做法是根据学生情况编成若干小组，并让小组成员在考察前进行讨论，按考察任务明确分工，分别带好需用器材。考察教学的带队教师必须具有较为扎实而系统的专业知识，有一定的生产第一线的知识经验，能回答学生在考察中提出的问题，指导学生开展操作活动。同时，带队教师还必须具有较强的组织能力、管理能力、协调能力，能有效地组织学生的考察活动，维护考察秩序、纪律，协调考察过程中的人际关系，处理可能出现的矛盾，解决考察中的偶发事件，使考察活动能顺利开展。学生必须具有与考察内容相关的基础知识、基本技能，明确考察学习的要求、任务、内容，有良好的学习愿望和考察热情，考察前做好考察准备，如自主设计考察方案、进行分工，准备考察学习必需的设备、工具、材料。考察中认真观察、记录、提问，考察后总结反思。当然，这些素质与要求需要教师有意识地培养和引导。

最后，考察学习需要积累一定的资料，如图片、数据、表格、影像，以便学习与研究。因此，考察学习要携带设备，如照相机、录音笔、摄像机、话筒、笔记本等。

2. 实施阶段

考察时，教师要根据不同的考察类型提出不同的具体要求，组织学生全面看、细心听、主动问、认真记，注意随时加以现场指导。在考察活动中，教师既要在有组织的前提下，放手让学生自己进行考察，又要在考察现场引导学生运用多种感官或工具，按考察的任务去收集资料、调查研究。使学生在考察中获得丰富的感性材料，学到考察的本领。

3. 反思阶段

考察后，教师要根据教学要求和考察计划，指导学生座谈收获、整理材料、客观评价、写好报告。学生进行了实地考察和取样分析后，每个人都会获得一定的感性材料。在此基础上，可以让学生学写考察记录、考察报告，甚至有关考察内容的科学小论文。然后就考察成果再进行交流，让学生实事求是地谈发现、谈感受。这样可以把各人零散的感性材料汇集起来，变为集体的、比较完整的认识，最后得出合乎科学的结论。

第二节　教学内容适配性分析

考察教学法是指在实践中对事实、经验及行为方式等进行有计划的现场考察的方法。由教师和学生共同组织，由学生独立自主完成。考察目的、考察主题、考察范围、考察角度及考察方式由学生自己开发、实施、检查和思考。考察法旨在能让学生获取大量相关知识信息、熟悉方法的应用。在秘书学的教学中，考察法应用广泛，既可以运用于学校考察，即了解、学习其他职业院校的课改动态、人才引进策略、实验室建设以及借鉴各类职业院校办学中新的思想和理念；也能用于企业考察，即了解企业中秘书的实际工作情境，快速了解秘书工作的相关情况。

第三节　教学设计与案例分析

考察教学法能够使学生走进实际的生产生活场景，有目的、有计划、有针对性地就某一主题或专题进行实地观察、体验、调查和研究的教学方法。为加强学生对工作环境的认识，特采用考察教学法来进行教学设计与案例分析。

一　教学设计一：汽车4S店总经理秘书工作考察

1. 引入案例

> 4S店是集汽车销售、维修、配件和信息服务于一体的销售店。4S店是一种以"四位一体"为核心的汽车特许经营模式，包括整车销售（Sale）、零配件（Sparepart）、售后服务（Service）、信息反馈（Survey）等。它拥有统一的外观形象、统一的标识、统一的管理标准，只经营单一的品牌。它是一种个性突出的有形市场，具有渠道一致性和统一的文化理念，4S店在提升汽车品牌、汽车生产企业形象上的优势是显而易见的。此次考察的工作岗位在汽车4S店的销售展厅内。工作地点在销售大厅，照明良好，温度适宜，装修雅致，有背景轻音乐，为客户准备有休息时看资料和喝饮料的玻璃圆桌和时尚优雅的靠背椅，有展车若干辆，装有宣传单页的货架2个，墙壁上有展车图画，展厅中有促销活动吊旗。整个工作环境优雅、轻松、干净、明亮。
>
> 在4S店里秘书的工作内容如下：
>
> （1）协助总经理主持4S店的日常经营、管理工作（整车销售、维

修，配件销售等），保证营运目标的实现；

（2）根据对市场和行业现状、发展趋势的调研与分析，结合 4S 店战略规划制订中长期发展战略规划，协助总经理组织落实 4S 店年度经营计划和发展规划；

（3）领导下属各部门的经营和管理工作；

（4）协助总经理组织制订年度预算及年度工作计划并有效分解成月工作计划，通过检查、调控、监督和考核等过程管理、保障各项计划及指标的完成；

（5）完善 4S 店各项管理，健全岗位职责目标，持续改进各项业务流程，对经营过程实施有效的监督、指导、考核，并保证企业可持续发展；

（6）负责 4S 店公共关系、厂家关系的沟通，网点经销商的开发、支持，组织经济协议的洽谈和经济合同的签订；

（7）负责市场信息、宣传推广、客户拓展和服务联络等工作，组织市场调研工作，挖掘市场潜力，扩大市场份额；

（8）推动各项管理规章制度的建设和完善，量化管理流程，严格推行公司的管理体制；

（9）对所属员工提供支持鼓励，负责培训、考核，打造团结高效优质和谐团队；

（10）完成董事会和集团下达的其他工作任务。

2. 教学目标

（1）知识目标：通过实地考察，掌握信息收集的方法，尤其是访谈法和观察法；掌握将顾客分类、建立顾客档案的方法。

（2）技能目标：能够运用观察法观察现实状况，运用访谈法对秘书进行简单的访谈，并通过分析得出结论；掌握接打电话的礼仪和技巧，发掘客户需求，并进行提问，提高自身的工作能力。

（3）情感目标：走进实际的工作情境中，增强电话沟通时的感染力，在考察过程中对 4S 店的总经理秘书这一职位有更加直观和完整的了解，亲身体验秘书工作，积累工作经验，培养良好的职业道德，能够运用全面的、联系的、发展的眼光来看问题，培养严谨细致的工作态度。

3. 学生实践中的关键技能：掌握观察法和访谈法的使用方法以及接打电话的技巧，以此发掘潜在客户，提高产品销量

4. 教学方法：考察教学法

5. 学时安排：2 课时

6. 教学过程

（1）环节一：准备阶段

教师活动	学生活动
(1)教师与被考察单位 4S 店做好事先的沟通交流。 (2)引导学生进行分组，分为 4 个小组。 (3)向学生讲解在考察时可能用到的搜集信息的方法以及考察中的注意事项。	(1)学生应在考察前通过网络或其他途径寻找汽车 4S 店企业相关的信息。 (2)学生自行组队，选出组长，共同学习观察法和考察法的使用步骤。 (3)每个小组根据教师给的提示性问题明确学习目标。

（2）环节二：实施阶段

教师活动	学生活动
(1)向学生做企业介绍。 (2)向学生介绍企业的联系人。 (3)向各个小组分发考察任务表格： | 组别	考察内容
小组 1	4S 店企业组织结构
小组 2	企业办公场所和实体环境分析
小组 3	企业对 4S 店总经理秘书的能力要求
小组 4	4S 店总经理秘书的业务流程 | (4)对学生的考察活动进行指导。 (5)维持考察秩序，为学生答疑解惑。	(1)学生确定与企业的联系人，为后续回访做准备。 (2)学生将考察内容进行细化，完成考察任务表格的填写。 (3)各工作组独立搜集企业各领域的信息。 学生对 4S 店总经理秘书的工作考察任务如下： ①需要执行哪些工作？ ②如何组织工作？ ③需要在何种情况下使用工具与设备？ ④需要的技能要求是什么？ ⑤需要的关键能力是什么？ ⑥这些技能和能力需要达到什么水平？

（3）环节三：汇报阶段

教师活动	学生活动
针对个人的、小组的、全班的考察展示与汇报，鼓励学生提出问题、展开讨论、深化认识。为了促进反思，提升考察成果，可以提出一些引导性问题，分析讨论，总结经验，为下一次考察提供参考。	（1）各小组依次展示此次的考察成果。 小组 1：演讲+照片+图表 小组 2：演讲+卡片展示+播放采访录 小组 3：PPT 展示+图表 小组 4：PPT 展示+播放视频片段 （2）各小组成员要各抒己见，充分表达各自的想法和意见，陈述自己的理由和依据，说明自己的决策和方案，并就不同的考察结果进行分析比较，集思广益，达成共识；如果不能形成共识，也不一定强求一致，可将各种意见和结果同时保留。

（4）教学评价

对学生考察结果的评价			
评价项目	评价要点	分值	打分
技能掌握（60分）	1. 能运用访谈法对企业接待处秘书进行访谈，确定接待前的准备工作	20	
	2. 能运用观察法对秘书接待过程的步骤进行观察记录	10	
	3. 能按照考察的行动步骤依次推进考察活动	10	
	4. 能与企业的工作人员及来访顾客顺利沟通交流	10	
	5. 能够完整地收集所需的图片、图表、数据、实物和材料	10	
接待知识（20分）	1. 全面了解企业的各方面情况	5	
	2. 能够确定接待的规格及其注意事项	5	
	3. 能够制订接待的工作计划	5	
	4. 了解接待环境的布置	5	
思想态度（20分）	1. 具备诚恳热情的态度	5	
	2. 具备团结协作的精神	5	
	3. 合适的服饰仪态	5	
	4. 恰当的行为举止	5	

对小组考察过程中团队合作的评价		
序号	评价项目	评价结果
1	该组同学能够按照考察计划进行考察活动	□非常符合　□比较符合　□一般 □不符合　□非常不符合

续表

	对小组考察过程中团队合作的评价	
序号	评价项目	评价结果
2	该组中有一位潜在的领导者	□非常符合　□比较符合　□一般 □不符合　　□非常不符合
3	该组中有至少一位同学一直沉默	□非常符合　□比较符合　□一般 □不符合　　□非常不符合
4	在该组考察过程中，出现了不和谐因素，甚至出现了吵架现象	□非常符合　□比较符合　□一般 □不符合　　□非常不符合
5	在该组考察过程中，组长或潜在领导者能够带头，有效组织小组进行考察活动	□非常符合　□比较符合　□一般 □不符合　　□非常不符合

（5）综合性作业

　　每名学生交一份书面总结，内容包括：与自己的初始计划对照，你在考察过程中学到什么技能？观察汽车4S店总经理秘书的工作，他们在工作内容、责任、职业活动、困难时的决策、时间要求、工作过程等方面有什么表现，你有什么感悟？你认为此次考察活动开展得怎样，有哪些地方可以改进？

二　教学设计二：公司接待处秘书工作

1. 引入案例

　　宏远房地产开发有限公司（以下简称公司）是一家房地产综合开发企业，具有房地产开发二级资质。公司按照现代企业制度的管理模式，遵循有限责任公司制度的运作方式，下设综合部、企划营销部、工程部、财务部，在总经理的领导下，通力合作，相互协调，初步形成了一个上进、勇于开拓的企业团队。公司始终坚持以市场为导向、开发为重点、经营为龙头、质量为根本的开发理念和经营方针，切实转变观念，解放思想，紧紧围绕市场狠抓经营，强化管理，树立责任感、认识危机感；不断留意和观察房地产市场行情，积极探索与市场机制相适应的经营策略和经营方针，走品牌化之路。此次考察的工作岗位在公司的接待处，接待处需要做到物品摆放整齐且表面无灰尘，地面干净无脏物，空气流通清新，室温适度，灯光合适。作为单位门面的秘书人员，不仅要熟悉自己的本职工作，而且必须全面了解企业的各方面情况。

公司的秘书接待处秘书的工作如下：

（1）负责进入公司办公场所的来客的接待、登记、导引，对无关人员、上门推销和无理取闹者，阻挡在外或协助有关人员处理；

（2）负责公司邮件、包裹、报纸的收发与转交；

（3）负责接听来访电话，记录电话内容，并做好记录与传达工作。

2. 教学目标

（1）知识目标：能够运用访谈法和观察法进行信息收集；掌握接待工作的内容、种类及要求；熟悉交往群体的礼仪要求，进而保证日常工作的顺利、高效运转。

（2）技能目标：能够运用观察法观察秘书的接待工作，运用访谈法对秘书进行简单的访谈，并通过分析得出结论；能够按照行动规范做好接待工作。

（3）情感目标：体验接待处秘书工作，提高工作适应能力，养成敢于进取、积极创新的工作态度；能够熟练接待已预约或是未预约的顾客，从容处理各种突发情况；培养工作所需的坚定的理想信念及严谨的工作态度。

3. 学生实践中的关键技能：熟练运用访谈法对秘书进行访谈，运用观察法观察秘书接待工作的流程及注意事项，以此收集信息完成观察任务

4. 教学方法：考察教学法

5. 学时安排：2 课时

6. 教学过程

（1）环节一：准备阶段

教师活动	学生活动
（1）与公司接待处进行联系，与相关部门负责人沟通交流，说明此次考察的目的与任务。 （2）让学生了解考察时间、地点和任务。 （3）指导学生分组，便于学生完成后续的考察任务。 （4）教师制订考察计划，向学生讲解秘书接待中应该做的准备工作。 ①环境准备工作：会客室应尽量做到整洁、明亮、美观、清新，让来客一走进来就感到管理有序，充满生气，环境准备包括光线明亮、空气清新、安静素雅、色彩和谐、布局合理、绿化到位。 ②物质准备工作：会客室应有准备好的座位、饮料茶水、报纸杂志、宣传资料、电话、衣帽架等，还可适当摆些花卉和盆景。 ③心理准备工作：接待秘书要以诚心、耐心、热心去面对每位来宾，热情适度，和蔼可亲，用语礼貌，举止大方。	（1）学生在考察前通过互联网或者其他途径寻找要考察企业的相关信息，了解公司对接待人员的要求。 （2）学生自行分组，选出组长。 （3）学生确定考察学习计划，明确各自的具体目标、任务与职责，准备相关材料。进行小组分工，分解考察任务。了解接待工作的内容和种类，明确接待工作的一般程序包括以下几步： ①发出邀请； ②做好接待前的准备工作，如思想心理及心态的准备、业务知识和能力的准备、物质和环境的准备接待； ③了解来宾的情况； ④确定接待的规格； ⑤制订接待工作计划。

（2）环节二：实施阶段

教师活动	学生活动
（1）向各小组发布考察任务： 小组1区分接待规格； 小组2企业接待工作的物质和环境准备； 小组3接待工作中的礼仪； 小组4企业接待工作的一般程序。 （2）实施考察方案，将考察计划付诸行动，组织学生到考察现场开展考察活动，通过观察、访谈、调查等方式收集相关资料，以达到预期目的。 （3）向学生展示接待中的礼仪原则。 （4）教师在考察现场进行沟通、协商，明确考察的要求及注意事项，对各小组的工作任务进行分工和指导。	（1）认真观察和记录接待处秘书的接待工作，与秘书进行沟通和交流，对接待工作进行实地、实时的观察，了解接待工作的原则与意义。 （2）记录下接待中的准备工作和接待所应当具备的礼仪，与教师指导的礼仪原则对比，查缺补漏。处理考察过程中搜集到的材料和访谈资料。 （3）将考察活动收集的资料、成果进行展示，包括有形的数据、图表、图片、实物、材料，也包括无形的考察步骤、方式方法、经验体验、感受收获，进行汇报。展示的形式可以不拘一格，灵活多样，生动活泼，充分展示所见所闻、体验收获甚至是个人的困惑、问题、思考、启示。

（3）反思阶段

教师活动	学生活动
针对个人、小组、全班的考察展示与汇报,鼓励学生提出问题、展开讨论、深化认识。为了促进反思、提升考察成果,教师可以提出一些引导性问题,分析讨论,总结经验,为下一次考察提供参考。例如,在哪些方面还可以进一步改进提高？时间计划安排可行吗？考察评价中有进一步改善的建议吗？与企业代表就考察成果的讨论有收获吗？就考察行动步骤和方法方面的经验进行讨论。	（1）学生对所考察的接待工作流程中的某个环节有疑惑可以提出来,向公司接待处秘书请教。 （2）学生通过这次考察活动对照自身平时的表现,思考是否具备了接待工作中应有的素质和技能,查找出自己的不足,进行反思。 （3）小组成果汇报以PPT形式上台分享总结交流,包括本次采访的基本情况、企业的态度、采访是否顺利等,畅谈考察的感想和收获,提出对秘书职业还有哪些问题、困惑,在组织考察过程中存在哪些不足及改进措施,对考察体验活动的意见与建议是什么。

（4）教学评价

对学生考察结果的评价			
评价项目	评价要点	分值	打分
技能掌握 （60分）	1. 能运用访谈法对企业接待处秘书进行访谈,确定接待前的准备工作	20	
	2. 能运用观察法对秘书接待过程的步骤进行观察记录	10	
	3. 能按照考察的行动步骤依次推进考察活动	10	
	4. 能与企业的工作人员及来访顾客顺利沟通交流	10	
	5. 能够完整地收集所需的图片、图表、数据、实物和材料	10	
接待知识 （20分）	1. 全面了解企业的各方面情况	5	
	2. 能够确定接待的规格及其注意事项	5	
	3. 能够制订接待的工作计划	5	
	4. 了解接待环境的布置	5	
思想态度 （20分）	1. 具备诚恳热情的态度	5	
	2. 具备团结协作的精神	5	
	3. 合适的服饰仪态	5	
	4. 恰当的行为举止	5	

续表

对小组考察过程中团队合作的评价		
序号	评价项目	评价结果
1	该组同学能够按照考察计划进行考察活动	□非常符合　□比较符合　□一般 □不符合　　□非常不符合
2	该组中有一位潜在的领导者	□非常符合　□比较符合　□一般 □不符合　　□非常不符合
3	该组中有至少一位同学一直沉默	□非常符合　□比较符合　□一般 □不符合　　□非常不符合
4	在该组考察过程中，出现了不和谐因素，甚至出现了吵架现象	□非常符合　□比较符合　□一般 □不符合　　□非常不符合
5	在该组考察过程中，组长或潜在领导者能够带头，有效组织小组进行考察活动	□非常符合　□比较符合　□一般 □不符合　　□非常不符合

（5）综合性作业

> 每位同学交一份书面的总结，内容包括：哪些方面还可以进一步改进提高，时间计划安排可行吗，还有哪些问题？考察评价中有进一步改善的建议吗？与企业代表就考察成果的讨论有收获吗？就考察行动步骤和方法方面的经验进行讨论。

第四节　考察教学法的应用思考

一　带队教师在考察各环节必须做大量准备，须具备较高的专业素养

在准备阶段，教师在安排考察任务时，教师需要做大量准备工作，准备得越充分，教学效果越好。要做好学生的引导工作，引导学生了解被考察企业，学生往往在准备过程中就已经获得了大量知识。

考察教学由于学生人数等原因，往往分为几个小组进行，学生在考察过

程中，要有目的进行考察；考察结束后，教师要引导学生总结，各小组要相互交流考察信息，可以获得更大收获。

同时，教师要适时给予学生帮助。考察教学法是以学生为主体实施教学的方法，整个教学过程是以学生独立完成为主，教师的任务主要是协助、指导学生能够顺利实施和完成考察任务，并适时帮助遇到困难的学生。

二 考察教学法适用于学生对企业的认知实践阶段

考察教学法有助于培养学生走近现实，有助于学生获得直观、感性的知识经验和体验，能够帮助学生获得新知识和验证所学的知识，有助于密切学校课程内容与工作的联系。但是考察教学法有自己的适用范围，它一般适用于学生对企业的认知实践阶段。

认知实践是学生在学习一定的专业知识后开展实践的教学环节。学生通过到企业参观学习，了解企业相关情况，开阔视野，体验企业的工作内容。认知实践可以促使学生对已掌握的理论知识增加感性认识，扩大知识面；促使学生接触社会，了解各行业情况，体会从学生到职员的转变；通过亲历生产过程，培养学生应有的职业素养。通过认知实践，学生对社会需要的人才以及企业对人才的要求有了初步了解，可以明确自己的职业发展定位，及时调整自己的职业目标，明确职业方向。可以看出，考察教学法完全符合学生认知实践环节的目标。

三 教师要关注学生的沟通能力的培养

考察教学法的实施过程中，学生不仅要与组内成员进行沟通，而且要与被考察企业人员进行沟通，其沟通的效率直接影响考察的进行，教师尤其要关注学生与被考察企业人员的沟通，可以预先对学生进行有针对性的培训。培训内容包括克服沟通障碍，在沟通前期应该做好充足的准备，真诚面对、慎用语言，时刻保持良好的心态；同时，在沟通中应掌握相应的技巧，如学会倾听对方的讲话，不仅听内容，还要用心观察对方说话时的神态、表情、手势，通过这些非语言的信息，正确理解对方的真正意思。

四 教师要关注学生反思能力的培养

反思是一种有益的思维活动和再学习方式，学生的成长都在自觉或不自觉中进行着反思。反思对学生学习效率的提高、自学能力的形成、学习策略的迁移具有十分重要的作用。只有培养学生认真及时地反思学习得失的能力，总结和积累学习经验教训，才能使学生有针对性地自觉改进学习方法，提高自我学习发展能力。

考察教学法的实施过程中，无论是学生与企业员工的交流，还是考察后的汇报都涉及学生的反思活动。教师可通过考察前为学生设计问题、考察中向学生提问、考察后要求学生汇报的方式，来培养学生的反思习惯。如考察了什么内容？对哪些内容印象深刻？考察前的理解与考察后有什么差异？考察后最大的收获与感悟是什么？哪些问题是以后应该加强改进的？这样，就给学生在考察后理清自己的思想、评价自己的考察情况、反思自己的考察过程创造了条件，从而逐步培养学生的课后反思习惯。

第十三章
教学方法七：角色扮演法

第一节　方法介绍

一　角色扮演法的简介

角色扮演法最早起源于戏剧舞台演出，后发展成为行动导向教学法中的一种重要教学方法。教学中的角色扮演是根据教学需要，运用戏剧表演的方法，让学生在已有经验的基础上，通过对角色的想象、创造、感受、体验、思考与讨论真切地感受教学内容，从而达到学习的目的。[①] 在角色扮演法实施的整个过程中，通过工作情景的创设、角色动作的刻画来使广大学生身临其境，通过个人的行动、试验、体验、经验以及自我反思来开发学生的能力。在整个表演过程中学生借助角色演练方式来全面理解各个角色内容，深刻感悟角色人物的行动模式、价值观念、思想情感，从而达到掌握知识、熟悉情景的教育目的。

二　角色扮演法的优点

角色扮演法的主要优点是能提高学生在课堂教学中的主动性，引导学生

[①] 王爱芬：《浅析角色扮演法及其在学生心理发展中的意义》，《教育理论与实践》2007 年第 S2 期，第 91~93 页。

在课堂教学中主动参与、实际感受，熟悉日常工作情景，在创设的情景中使学生身临其境地将抽象的逻辑符号转化为真实有效的处理秘书事务的实际工作能力，进而达到提高学生职业秘书素养的作用。角色扮演法也要求每个学生日后在实际解决工作问题时重新理解角色及运用其之前已学习到的知识内容，自行尝试作出自我验证以寻求最佳答案。故此，新知识的学习是透过真实情境而体现其意义。角色扮演法可直接使课堂教学内容形象直观，学生能边演边学，既玩得饶有兴趣，又感到印象深刻。

1. 持久稳定的育人效果

透过单元式互动的情境教学，角色扮演法将遥不可及的工作场景展现为具体活动，且化为对学生的不断激励，教育互动空间也得以持续拓宽，令学习的效用发挥得更深更广，达到了较为持久及稳定有效的互动教育效果。

2. 增强学生的参与感

通过建立"亲、助、乐"的师生关系和"美、趣、智"的学习情境来缩短学生与老师、与同学、与教学内容的心理距离，达到教师教学与学生学习互惠相长的作用，学生的参与感得以加强。

3. 培养学生独立思考的能力

社会发展飞速，无法预测未来的社会将会对新生代的孩子提出何种知识和技能要求，对学生的教育不应该止步于令其掌握一门技能或获得一个学历，而在于学生是否有跟随时代潮流学习新知识新技能的学力，是否拥有在不同工作岗位间转换的能力，在其职业生涯中能否及时更新知识技能水平，以适应社会不断进步、不断发展的互动态势。因此培养学生解决问题及推理思考的能力，确实是当代教育的当务之急。角色扮演教学创设一种探究的教学情境，发扬学生对知识的追求和探究的精神，通过角色扮演将知识应用在实际生活中，以提高学生的学习动机和学习能力，培养学生实际操作技能和独立思考能力。

三　角色扮演法的作用

1. 体验、感知作用

角色扮演法为学生提供了一个工作场所的模拟情景，为学生了解工作流程提供了实践锻炼机会。教师创设工作情景，使学生在设置的情境中扮演工作角色，从而让只能想象的工作场景和实践技能变成了既直观又具体的工作流程。在这样的一个课堂过程中，学生作为整个过程中的参与主体，能够更加深刻地体会角色，说出自己的真实心理及真实的行为感受。因此，通过角色的实际扮演，学生能够主动积极地融入教学研究或教学活动当中去，认真进行观察分析思考，做出独立判断的结论，培养锻炼了学生的主观洞察力和问题分析能力。角色扮演可以加深对别人工作的理解，可以改变对别人的态度以及对其他工作的认识和理解程度，达到换位思考的目的。例如，让负有一定责任的企业经理扮演一个秘书，他就要站在秘书的角度去考虑问题，加深对秘书工作的理解，体验秘书在理解领导意图、综合处理复杂问题、协调方方面面关系时的心情，这样在今后的工作中他就会更加注意发挥其职能。

2. 理解、分析作用

角色的扮演更有利于培养学生遵循自身已有知识体系，从而产生规律的思维脉络去准确理解和把握新的学习内容。在角色扮演法的整体教学框架中，学习的核心是具体处理问题和操作实际工作，因此，这种角色教学法有利于帮助引导学生更加深刻地理解课程中的教学内容，提高其分析认识问题和应用知识的能力。同时角色扮演教学法给那些观看和聆听表演而不亲自扮演角色的学生以学习不同行为的机会。通过反复观看一个个具体生动有趣的表演案例和同学们精彩的即兴表演，思考分析将来自己在面对这种角色情境时，应如何巧妙处理角色难题、摆脱角色困境，并找出解决这种问题的最佳对策。

3. 指导、强化作用

角色扮演教学法能对同学之间进行互相交流启发、借鉴前人经验、互相沟通起到一定指导性作用，使观察者能够在他们今后的教育实践中尽可能少走弯路、减少失误。正如《悉达多》中所说，"智慧无法言传"，智慧是在内在积累经验的基础上通过教育实践获取的。教师刻意地设计特定的理论实践研讨课，引导、帮助、启发学生在各种特定的活动情境中逐步摸索并总结其经验教训。只有自己不断地参与各种实践、观察这个世界、更新自身观念，人内在的无穷智慧潜力才能最终被发掘展现出来。角色扮演法则可以逐步强化学生们对课程所学的知识概念的全面理解。在具体讲授会务工作时，可以考虑配合专业理论课，设计具体实践的项目，把学生分成若干小组，让学生扮演会议的筹划者、组织者、参与者，从而加深对教学内容的理解，达到强化概念、掌握知识的目的。

四　角色扮演法的实施程序

角色扮演法执行前，需要成立行动小组，行动主要分为以下几个步骤。

1. 准备阶段

在表演开始之前，教师和学生都应当做好充分的准备，准备的充分程度影响整个角色扮演开展的顺利程度和教学效果。

首先，教师根据教学目标及秘书工作的实际情况选择活动主题，进行工作情境创设。教师可利用视频、故事等方式引入实例将学生带入工作情境中，向学生提问使学生意识到问题的重要性，引起学生的兴趣，使学生了解和理解课程学习目标，便于学生带着问题进行角色扮演。完成情景创设之后，教师向学生详细介绍每个角色、角色扮演流程，以及学生所需要解决的问题及需要达成的目标，对涉及的工作岗位进行尽可能详细的描述，使学生明晰每个角色的性质、任务、目标。完成角色介绍之后，教师需要组织学生进行准备工作。行动小组在教师的指导下辨析、理解并结构化现存问题，统计工作岗位数量、要求，安排扮演流程，制订工作工位设置表，进行剧目排练，提出修改意见等。

其次，教师与学生准备好空白角色资料卡、观察员表格。行动小组根据教师提供信息及所学内容，设计或构思出一个完整的秘书人员工作过程，如电话邀请、预约新闻采访、会议布置、签约仪式、活动策划等。

最后，为每个角色设计角色资料卡，教师对角色特性进行逐一分析讲解，鼓励学生报名适合自己的角色。在此阶段，教师不必对学生在角色扮演情境中需要采用的策略进行过多阐述，应发挥学生的创造力。若有角色没有学生主动扮演的时候，教师可根据不同学生的兴趣特点进行角色分配，使学生进入创设情境。给予几分钟让学生熟悉自己所扮演的角色和该角色需要完成的主要工作任务。由于角色人数有限，故大多数学生在角色扮演法中并不能直接参加演出，但不能忽视这部分学生，教师应该督促未扮演学生主动参与其中，这也是影响角色扮演法实施效果的重要因素。表演成员以外的人充当观察者的角色，在整个表演过程中持"客观"态度对表演过程进行观察，填写观察表格，提出意见建议，写出观察报告。重视"观察者"可以使所有学生完整经历整个表演过程，实现全员参与。

2. 实施阶段

实施阶段是整个角色扮演的核心环节。首先，教师将设计好的角色资料卡分发到角色扮演者手中。教师需要充分激发出学生的自主性，让学生自由表演，并控制演出时间，以 6～10 分钟为最佳。其次，根据角色安排和剧本设计，参与者根据设计的情景完成角色扮演任务，围绕情境主题着重解决现存问题，在行动和交流中挖掘各种可能的方案，并找出最佳解决方案。观察者根据观察任务，持客观的态度对"演员们"的表演进行场外观察。教师在这个环节中需要注意：在表演进行中需要控制整个表演时刻围绕教学目标进行，不能使表演沦为学生的课堂游戏，及时检验学生在角色扮演法中的知识掌握程度。在角色扮演开始、过程中和结束时，为了使学生掌握更多情景应对方法，加深学生印象，教师可在适当时刻引入干扰事件，并及时解答学生的提问。

3. 反思阶段

学生表演结束后，教师引导表演者和旁观者针对整个表演过程开展小组讨论和评估。教师创设一个轻松的氛围，使学生敢于大胆发表自己的意见。通过学生的讨论、争执达成共识，进行角色调整或适当引入一些其他工作情景，对角色扮演过程中的重点知识和操作难点进行细致的分析和研究讨论。通过对所表演的工作情景仔细讨论，可以大大促进此次角色扮演的顺利完成，并最终形成一个总结，使学生能够对整个过程进行评价。这个行动总结旨在让初次参与角色扮演的学习者可以对自身所将要经历的各种行动过程有更加全面详细的了解，使其能够深入理解和解释各种行动。

第二节　教学内容适配性分析

角色扮演法具有仿真性、开放性、体验性、民主性、互动性等特点，在实践和理论研究中关注学生"经历了什么""体会了什么""感受了什么"等过程性目标，将日常教学及活动重心放在提升学生在实践中探索及独立获取新知识的基本能力、分析思考和解决新问题的实际能力以及合作交流中的实践能力的培养训练上，帮助学生逐步改善其学习方法，从而改变教学的结果导向。该方法应用范围较广泛，在教学内容中只要有角色分类，并且不同的角色立场、观点不同，其行为方式值得学生效仿或回避，都可以使用角色扮演法。

比如在会议管理领域，可以使用角色扮演法的内容有会议筹备（会议的含义、会议与会务、会议的要素、会议的类型、会议策划、确定会议时间与地点、实施会务筹备检查、审核会议文件、制订会议应急管理方案）、会中事务（会场签到、文件发放、会议引坐、安排发言、进程控制、会议选举、颁发奖品、会议记录、编发简报、处理临时事项）、会后工作（清理会场、送别与会者、印发会议纪要、组织会后宣传报道、进行会议总结评估、会议文件立卷归档、会议传达、会议催办）、会议生活服务（茶水、茶歇、食宿、交通安排等）、会议保障服务（设备使用与维护、安保等）、收发文办理（发文办理活动的方法和工作流程、收文办理活动的方法和工作流程）、文书管理（文书翻印复制管理、文书清退销毁管理、文书立卷归档管理）等。

第三节　教学设计与案例分析

为加强角色扮演法的理解和应用，选取秘书职业要义中的会间茶水服务和安排宴会桌次和座次进行教学设计，以期通过完整的案例分析巩固和加深角色扮演法的教学效果，提升角色扮演法的使用熟悉程度。

一　教学设计一：会间茶水服务

1. 教学内容：会间茶水服务

2. 教学目标

（1）知识目标：掌握会间茶水服务的理论内容。

（2）技能目标：掌握会间茶水服务的操作程序及要领。

（3）情感目标：正确认识茶水服务的重要性，建立一定的职业认同感。

3. 学生实践中的关键技能：会间茶水服务的整体流程及细节要领

4. 教学方法：角色扮演法

5. 教学用具：多媒体、会议桌椅、茶叶、茶具、茶杯

6. 学时安排：2 课时

7. 教学过程

（1）环节一：情景引入

远航公司将于 9 月召开全国销售商联络会议。为了提高秘书李红的办事能力，办公室王主任给她交代了新任务，为前来开会的与会代表们安排会议期间的茶水、茶歇服务，还要做好与会人员的食宿、交通的安排，看来李红的任务很繁重呀，请你来帮帮她吧！

教师活动	学生活动
（1）提出问题：在会议期间为参会者倒茶应该从参会者的左边倒还是右边倒？茶水需要倒几分满？是将茶杯放置在会议桌上还是将杯子拿起？引起学生兴趣，体现茶水服务的重要性。 （2）介绍茶水服务的理论知识。	（1）学生认真思考，发表自己的看法。 （2）认真学习理论知识，为接下来的表演做准备。

（2）环节二：角色扮演准备

教师活动	学生活动
（1）教师指导学生进行场地布置。 （2）进行道具准备。	教室里准备一个类似会议会场的环境，教室前方准备会议桌椅、茶水桌，桌椅设置面向观摩同学，让旁观的同学清晰地看到上台表演的同学是如何操作的。

（3）环节三：角色领悟

教师活动	学生活动
（1）教师根据所设计的工作情景，进行剧本设计，完善整个表演细节，对会间服务进行信息上的细化。 （2）指导学生进行角色反思。	（1）根据剧情需要，学生自愿报名或者任务指定，挑出3~5名作为秘书人员，5~10名同学作为参会人员。其余同学为观察员。 （2）进行案例角色反思，根据反思内容进行讨论，思考教师所提问题。

（4）环节四：角色扮演实施

教师活动	学生活动
（1）教师指导学生进行角色扮演。 （2）教师引入干扰事件：客人要求冲泡花茶，但会场没有花茶，你如何应对？	（1）通过角色扮演的形式进行表演，将会间茶水服务表现出来。 （2）学生自由发挥，做出应对。

（5）环节五：教学评价

观察员表格

评价项目		完成情况得分
茶水服务前 （20分）	1. 茶叶准备是否充分（5分）	
	2. 服务人员妆容是否得体（5分）	
	3. 是否提前询问客人饮茶习惯（5分）	
	4. 是否保持茶具卫生、完整（5分）	
茶水服务中 （25分）	1. 茶叶浓度是否适中（5分）	
	2. 倒茶水量是否适当（5分）	
	3. 倒茶动作是否正确（5分）	
	4. 端茶动作是否正确（5分）	
	5. 添茶动作是否正确（5分）	
言谈举止 （9分）	1. 服务态度是否友好（3分）	
	2. 谈吐是否得体（3分）	
	3. 对待客人是否热情（3分）	

评价项目		完成情况得分
异议处理 （12分）	1. 是否认真聆听顾客异议（3分）	
	2. 是否主动询问顾客需求（3分）	
	3. 是否耐心解答顾客问题（3分）	
	4. 是否做到不与其争辩（3分）	
总分（66分）	实际得分	

小组自评表

评价项目		评价内容
秘书人员	积极性	
	主动性	
	形象	
	生动	
	对知识点的理解	

教师综合评价表

序号	评价项目	评价得分	优劣评价
1	仪容仪表（7分）		优点：
2	操作流程的熟悉程度（7分）		
3	操作流程的正确程度（7分）		不足：
4	处理干扰事件的应对（7分）		
5	对待客人的态度（6分）		突出表现：
总分（34分）	实际得分		

（6）综合性作业

> 如果在茶水服务过程中，客人提出你无法满足的要求，你该如何做？如果不小心打翻了客人的茶水，你如何应对？

二　教学设计二：安排宴会桌次和座次

1. 教学内容：安排宴会桌次和座次

2. 教学目标

（1）知识目标：掌握宴会桌次和座次安排的相关知识和技能。

（2）技能目标：掌握安排宴会桌次与座次的程序及要领。

（3）情感目标：培养学生认真、务实、灵活处事的职业意识和工作态度，在角色扮演过程中积极探索、团结、协作的团队精神，尊重客人、为客人服务的态度。

3. 学生实践中的关键技能：能正确地、恰如其分地完成宴会桌次和座次安排流程

4. 教学方法：角色扮演法

5. 教学用具：媒体、两张宴会桌、宴会椅（或在餐饮实训室）

6. 学时安排：2课时

7. 教学过程

（1）环节一：情景引入

　　一次，某市召开拥军座谈会，到会人数为28人。为方便工作，密切地方与部队的关系，领导决定会议结束后共进晚餐。负责这次接待工作的袁秘书，根据领导指示和宴会惯例安排桌次座位，设3桌（圆桌），餐厅正面靠墙为主桌，编1号，靠入口处为2、3号桌，摆成三角形，突出主桌。地方和部队的主要领导在主桌，面向门口，背靠墙的为上坐，上座正中间位置为第一主人座位，正对面为第二主人座位。第一主人和第二主人的左右两边分别为第一、二、三、四客人座位。为方便服务，地方主管接待的领导人被安排在第一客人的右边就座，其余主人客人按级别适当安排。2、3号桌也按此程序做好安排，桌上都摆好入席人员座位名签。安排好后，请主管领导检查，领导人看了很满意。但没有想到，这次座谈会时间紧，与会人员名单确定得晚，在拟宴席座位方案送

领导人审批时，又做了两次调整修改，秘书在抄写中漏掉了应编在主桌的部队王副师长。入席时，站在旁边的袁秘书突然看见王副师长在找座位，在场的同志也都紧张起来。

请问，袁秘书应该怎么办，你能为他出个主意吗？从中应当吸取什么教训？

教师活动	学生活动
(1)教师提出问题:宴会座次安排有何讲究？主宾应该坐在哪一桌次？哪一座次？ (2)教师讲解理论知识。	(1)思考教师所提问题。 (2)认真学习理论知识,为接下来的表演做准备。

（2）角色扮演准备

教师活动	学生活动
(1)教师指导学生进行场地布置。 (2)进行道具准备。	(1)教室里准备一个类似宴会会场的环境,教室前方准备宴会桌椅,桌椅设置面向观摩同学,让旁观的同学清晰地看到上台表演的同学是如何操作的。 (2)根据教师指导完成道具准备。

（3）角色反思

教师活动	学生活动
(1)剧本准备。 剧本准备主要是对宴会座次安排进行信息上的细化。具体信息如下: ① 参会人员中有多少位领导？ ② 餐厅内圆桌是什么布局？请画图表示。 ③案例中是如何安排座位的？请画图表示。 ④秘书在设计座位时,有没有应急预案？如果没有的话,应该如何设计应急预案？ (2)指导学生进行案例反思。	(1)根据剧情需要,将班级学生挑出 1 名同学作为袁秘书,5~10 名同学作为主桌人员。其余同学在旁边旁观。 (2)进行案例角色反思,根据反思内容进行讨论,思考教师所提问题。

（4）角色扮演实施

教师活动	学生活动
（1）根据现有信息,确定每位同学所扮演的角色并要求每名角色扮演者设计表演台词,形成完整的角色扮演剧本。 （2）教师引入干扰事件。	（1）学生设计表演台词进行角色扮演。 （2）参演者自由发挥。

（5）教学评价

观察员表格

序号	评价项目	完成情况得分
1	处理过程言语是否得当?（10分）	
2	处理方式是否正确?（10分）	
3	处理态度是否友好（10分）	
4	危机处理流程是否正确（10分）	
5	是否及时帮助王副师长安排座位?（10分）	
6	是否向王副师长合理解释座位安排的差错?（10分）	
总分（60分）	实际得分	

小组自评表

	评价项目	评价内容
秘书人员	积极性	
	主动性	
	形象	
	生动	
	对知识点的理解	

教师综合评价表

序号	评价项目	评价得分	优劣评价
1	仪容仪表（8分）		优点：
2	应变能力（8分）		

序号	评价项目	评价得分	优劣评价
3	操作流程的正确程度（8分）		不足：
4	处理干扰事件的应对（8分）		
5	对待客人的态度（8分）		突出表现：
总分（40分）	实际得分		

（6）综合性作业

> 总人数为 50 人的公司即将举办年会，请为年会安排桌次和座次，并画出示意图。

第四节　角色扮演法的应用思考

一　注意事项

应用角色扮演进行教学活动的大前提应该是，角色的扮演应当是作为教学的有效工具，用以帮助提升学生求知的自觉投入感，以及为其提供广泛丰富的实践学习活动经历，培养其在未来工作中分析问题、解决问题的能力，而不能演化成为一种形式化的表演从而增加学生学习负担。知识又如同学习生活技能中有用的小工具，只有在操作使用后才能充分了解、应用它们。因此，知识的学习应首先强调学习者主动实践操作、实践探究，教学内容应选取适用于社会现实工作的，形式化的表演不仅不能提升学生的实践能力，反而会增加老师的控场难度。

二　角色扮演法的适用领域

角色扮演游戏适用于各个行业的职业教育，只要该行业的工作满足以下条件：其一是工作需要人与人的协作；其二是工作需要人与人之间的交流（见表13-1）。

表 13-1 不同类型角色扮演的实施领域

类型	协作型	对立型
双角色	咨询、销售、护理、治疗	谈判、正反辩论会、面试
多角色	业务流程的分工完成 分工进行的生产 制造和装配过程	谈判

三 角色扮演法的局限

1. 学习情境设计难度大，要求老师有较强的设计能力

目前，角色扮演法的运用带有较大的随意性，尚未形成规范化的操作程序。若整体情境设计简单化、表面化、人工化，学生得不到真正的锻炼。若角色场景设计不合理、场景与测评内容不符合，容易导致学生摸不着头脑，适得其反。因此，角色扮演法对教师的设计能力要求较高。

2. 准备工作繁重，对时间和资源要求较高

在角色扮演开始之前，教师和学生都需要做大量的准备工作，如情境设计、角色任务的描述、工作岗位的设置、学习材料的制作和准备等。教师和学生都需要花费大量的时间，且需要准备表演道具，对资源要求也较高。

3. 角色交换和评价（讨论）的实施需要较长的整段时间

在角色扮演结束之后，需要利用整段时间组织学生讨论、评价，通常需要经历小组自评、观察员评价、教师评价等多个环节，因此讨论评价的过程时间需求较长。

4. 角色扮演过程中教师必须是指导者、主持人的角色

在角色扮演法中，老师是指导者而不是主导者，是主持人而不是主讲人。因此老师需要进行身份转换，这与老师的传统授课习惯相冲突，容易出现角色转化困难的问题，对老师也是一个巨大挑战。

5. 对单个学生很难进行成绩评价

由于角色扮演法是两人以上参与表演，并且还有众多观察员，因此在成绩评价方面无法对单个学生进行评价。

6. 不适用于所有认知层次的内容，尤其是知识及理解层面的内容

角色扮演法主要适用于人与人协作、人与人交流的职业场景，对于理论知识的讲解和学习不具有适用性。

第十四章
教学方法八：引导文教学法

在职业教育实践和企业的实际生产、贸易活动中，有非常多的应用性文章，如操作指南、说明书等，具有引导文的性质，但这些应用性文章不同于引导文教学法中的引导文。实践中的应用性文章一般情况下由一系列的操作步骤组成，告诉学生"应该怎么做"，偏重于实际动手操作能力的培养；而引导文教学法中的引导文是一种专门用于教学的文件，它由一系列引导问题组成，既包括操作性问题，也包括理论性问题，也就是说，既培养学生的操作能力，也注重理论知识的学习。学生在回答引导问题的过程中，不仅学会了"应该怎么做"，还清楚地知道"为什么这么做""这样做的结果是什么"。显而易见，引导文的编写将直接关系引导文教学的效果。

第一节　方法介绍

一　引导文教学法的起源

引导文教学法并不来源于课堂教学经验的总结，而是在企业培训中形成的。20 世纪 30 年代，受工业革命的影响，无法保证校内学到的知识和技能让人们受用终身。1935 年，杜威和克伯屈提出在企业培训中使用引导文法，借助引导文的引导，学生能够通过自主学习掌握更多职业知识和技能[①]。20世纪 70 年代，在德国戴姆勒－奔驰汽车制造厂嘉博纳的培训车间里，培训师将一些基础知识及常用指示编制成配音幻灯片，对应设计相关的控制问题，学员们借助这些材料开展自主学习，然后完成测试任务，这是引导文教学法最初的教学流程[②]。

二　引导文教学法的内涵

引导文教学法是德国职业教育教学法之一，是指借助引导文，通过学习者对学习性工作过程的自行控制，引导学生独立进行学习性工作的教学方法。

"引导问题"是引导文教学法的核心。引导是一种教师组织学生在完成某一学习目标过程中的思维导向和沟通师生情感的方法。"引导问题"是引导学生学会学习的"秘诀"。在学习过程中，要培养学生独立学习的能力，关注首尾环节，但这不代表就放任学生任意学习。当学生能够正常学习时，教师作为学生学习的见证者和引导者，不应在过程中介入，而是将问题记录下来，反馈给学生，使他们在"引导问题"的引领下切实掌握"会学"的本领。

三　引导文的构成

1. 任务描述

多数情况下，任务描述是一个项目的工作任务书，可用文字，也可以图表形式表达。

2. 引导问题

引导文常以问题形式出现，根据这些问题，学生可以设想出最终工作成

---

① 谢倩文：《引导文教学法在中职〈秘书实务〉课堂教学中的应用研究》，广西师范大学硕士论文，2021。

② 姜大源主编《当代德国职业教育主流教学思想研究：理论、实践与创新》，清华大学出版社，2007。

果和完成工作的全过程，获取必要的信息，制订工作计划并实施。

3. 学习目标描述

学生应知道在怎样情况下就算达到目标了。

4. 学习质量监控单

使学生避免工作盲目性，保证每一步工作顺利进行。

5. 工作计划（内容和时间）

6. 工具与材料需求表

7. 专业信息

为更好促进学生学习能力发展，最好不提供现成的信息，而只提供获取信息的渠道。信息主要来源为专业杂志、文献、技术资料、劳动安全规程和操作说明书等。

8. 辅导性说明

即在专业文献中找不到的有关具体工作过程、质量要求等企业内部经验的说明。

四　引导文教学法的步骤

在项目教学法中，教授者把讲授或展示的材料转化为音像制品，用这些音像制品来指导学生独立完成学习、工作过程，配合学生的自主学习，避免不必要的干扰，这种教学的方法就被称为项目教学中的引导文教学法[1]。引导文教学法需要大量的指导性材料，这些材料种类繁多，可以是复杂结构的样图，可以是工具清单或者教学材料，也可以是讲解文字说明的视频材料，还可以是有关的关键问题。引导文包括引导性问题、学习目标描述、学习任务描述、专业学科信息来源指示单、学习进度计划、过程监控单、学习经验总结的辅助性材料等。

引导性问题、学习进度计划、学习目标描述和过程监控单构成了引导文

---

① 高华：《行动导向教学模式在高职护理〈基础护理学〉教学中的构建与效果评价》，中南大学硕士学位论文，2012。

材料的主体，用于在课堂教学上指导学生学习。学习小组根据引导文来回答每个引导性问题、编制学习目标描述或者是制订学习计划和过程监控单。

引导文教学一般包括六个学习的步骤，学习者要在每个步骤获得相应的方法指导，从而促进学生自主学习和完成项目教学的整体要求（见表14-1、表14-2）。

表 14-1　引导文教学步骤

自主学习步骤	有关学习方法提示
1. 了解信息：需要做什么	1. 提示问题：提示答案
2. 设计过程：如何来进行工作	2. 提示问题：工作计划
3. 作出决定：采用怎样的工作方法和工具	3. 与辅导教师进行专业性会谈
4. 实施工作过程	4. 必要时得到辅导教师的建议
5. 检查：任务是否已经符合要求地完成	5. 检查单
6. 评价工作：下一次工作中需要改进哪些	6. 与辅导教师进行专业性会谈

表 14-2　引导文教学法的教学过程

教学过程	教师活动	学生活动
发放任务	说明任务背景，指出任务要求	理清任务
咨询	做好课堂管理（咨询、引导、辅助、观察、调解、点评）	根据引导问题、辅助信息源合力完成引导问题，明确接待流程
计划		构思如何正确进行接待
决策		邀请教师协助敲定计划 组内排练，及时发现问题
实施		各组轮流进行情景模拟
检查		对照评价表，回顾本组展示
评价		一组一评、学生自评、互评
知识补充与小结	查缺补漏、回顾所学	

五　引导文教学法中教师的角色和任务

教师在上课前应该做的准备工作包括：①学习目标的确定，即学生在完成任务后会获得怎样的能力；②分析学习者，分析学习者已经具备哪些知识，预测学生的学习需求以及想法；③分析应该提供哪些辅助性的材料，包括教材选择、参考书、教学图片、文献资料、影像等；④设置引导性问题；⑤完成引导文。在这之后教师应该自省，这样的引导文是否可以帮助学生一步步解决问题。

在引导文教学法中，教师虽然同传统课堂的教师一样是学生学习内容的选择者、课堂活动的设计者，但在引导文教学法课堂中更多的是以引导者、观察者、释疑者、冲突调节者、评价反馈者的角色存在。第一，教师作为引导者，在课前设计好引导文，让书面材料代替教师的口头引导，并在任务实施过程中适当引导学生开展。第二，教师作为观察者，在课上关注整个课堂，全面了解学生的任务实施进度。第三，教师作为释疑者，在学生遇到自身无法解决的困难时，给予恰当的提示。第四，教师作为冲突调解者，在学习小组出现意见不统一或其他冲突时，如由于任务安排不恰当出现争执时，应及时出面调解并妥善处理。第五，教师作为评价反馈者，需在学生自评后根据观察评估最终结果，说明学生在实施过程的表现和成果的完成情况，指出优点和不足。

引导文教学法以学生为中心，学生不再像传统课堂那样安坐在位置上听教师讲述知识点，而是成为课堂的主体。其角色发生了如下转变，第一，学生是任务接受者，学生拿到引导文，即领受了本次课的任务。第二，学生是信息收集者，学生需要梳理所学知识，并结合教师准备的信息源，整合信息备用。第三，学生是任务计划者，为了任务能够顺利进行，学生需要思考任务的实施流程并做好应急备案。第四，学生是任务决策者，学习小组内可能会出现多个候选计划或组内就某些问题未能达成共识，学生需要分析现有计划是否完善、可行并做出合适的调整。第五，学生是任务实施者，学生按照计划实施任务以确保任务顺利完成。第六，学生是任务成果检查者，学生需要对照检查表，检查已完成的任务是否符合标准。第七，学生是自我评价者，学生需要对自身的任务完成情况进行评价，并在小组间进行互评。

第二节　教学内容适配性分析

秘书学专业主要培养的是具有较强的实际操作能力、具有岗位职业综合能力，毕业之后能够在商业贸易机构、企事业单位、机关单位等生产、服务第一线从事文书写作、档案管理、信息资料搜集与管理、公关礼仪及计算机文字处理等程序性工作的技能型人才。引导文教学法适用于带有完整工作任务的知识点教学。应用引导文教学法，教师根据学生的认知基础，选择合适的工作任务，创设与之相符合的工作情境，让学生代入秘书角色，根据引导文的指示完成任务的咨询、计划、决策、实施、检查、评价。学生在"工作环境"中学习，通过发现问题、分析问题、解决问题模拟秘书工作的具体流程，进而掌握秘书专业的基本知识和主要技能，从而掌握如何处理办公室各项事务。

从秘书学的教学内容来看，可以归纳总结出职业学校秘书学专业实践教学的内容，这些内容与引导文教学法密切相关，主要包括：

（1）秘书日常接待、团体接待、宴请接待以及涉外接待的工作程序和操作技巧；

（2）应对和处理突发事件的知识和技能；

（3）领导出差事务办理的工作流程；

（4）口头表达能力和写作能力、沟通协调技巧；

（5）科学管理信息，掌握信息工作的技能；

（6）策划和筹备各种类型会议的关键技能；

（7）文书管理与撰写的能力；

（8）掌握相关文书的写作要领和写作技巧，熟练拟写各相关文书。

第三节　教学设计与案例分析

接待工作是秘书的一项经常性工作，秘书需根据不同来访者的实际情况进行灵活处理，因此接待知识的应用性很强。任何形式的接待均可设计成一个包含完整工作流程的任务，因此该部分的知识，适合应用引导文教学法。接待是秘书学专业的典型工作任务，完成接待能够有效地促进学生职业能力的发展。为加强对引导文教学法的理解和应用，选取秘书职业要义中的接待未预约访客进行教学设计，以期通过完整的案例分析巩固和加深引导文教学法的教学成果，提升引导文教学法的使用熟悉程度。

1. 教学内容：秘书职业要义中的接待未预约访客

> 本节课选自教材《秘书职场要务》中模块八"接待工作的项目一：日常接待"。该模块包括日常接待、团体接待、宴请接待和涉外接待四个项目。第一部分的内容是接待预约客人、安排室内接待、讲究礼仪这个知识点；第二部分是接待未预约客人、安排特殊情况、特殊处理这个知识点。本节课的主要内容包括：
>
> （1）来宾接待的基本程序；
>
> （2）无预约客人的接待步骤；
>
> （3）处理和解决来访者需求的方法；
>
> （4）送客礼仪。

2. 教学目标

（1）知识目标：掌握接待工作的程序、要求和操作规程；了解引导的程序、要求及需要注意的细节。

（2）能力目标：能够明确接待客人的相关细节；能够做好室内接待工作；耐心聆听，积极应对问题。

（3）情感目标：通过本次理论学习，培养学生发散思维、自主学习的能力，热爱学习，学会分析问题、解决问题、自我构建知识体系，养成良好的行为习惯、端正的工作态度和认真负责的服务意识。

3. 教学方法

依据引导文教学法的实施步骤"明任务—拟计划—定决策—布实施—细检查—互评价"六个环节进行。

4. 教学过程

（1）小组分工

小组成员	姓名	分配任务内容	备注
组长			
组员			

（2）操作引导文

（1）你的任务是接待未预约的访客，请在下列信息中挑选出对于上述任务至关重要的信息。

· 访客来访原因

· 访客表情、神态

· 访客说话态度

（2）接待未预约访客，与客户沟通的原则是什么？

（3）未预约访客来访的一般原因是什么？

（4）列举出与未预约访客沟通时必须注意的问题。

（5）请根据访客的情况，安排你的应对预案。

（6）与你的教师讨论你当前的想法，向教师解释说明你的建议，并记录他们的调整建议。

（7）你在接待未预约访客时，需要做什么准备？填写下表。

类别	准备内容	备注
物质准备		
心理准备		

（8）请说明你的同事是否需要向你提供帮助，提供什么帮助。

（9）在接待未预约访客时，请按正确顺序列出你的工作所包含的必要工作步骤，并给出时间计划安排。

（10）请具体实施完成你的任务。

（3）教学评价

学生自评表

评价内容	什么对我来说是成功的	什么对我来说是不成功的
整体效果		
对访客心理需求的把握		
访客满意度		
礼仪		

小组评价表

评价内容	标准分值	自评得分	互评得分	教师评分
小组计划(分工)是否合理	10			
在完成任务过程中组内成员是否进行了沟通与合作	12			
是否能够做到热情接待	12			
是否能够正确引导客人到会客室	12			
是否做好室内接待工作	12			
是否能够耐心倾听客人的叙述并做出恰当的回应	12			
是否能够做到正确答复客人	10			
是否能够顺利解决问题	10			
是否做到礼貌送客	10			
加分项:在课堂中,回答老师问题或上台展示可适当加分	—			
扣分项:工作态度,如发现有组员做与工作无关内容,发现一次扣2分	—			
合计得分				

续表

评价内容	标准分值	自评得分	互评得分	教师评分

以下信息由组内成员填写

对规定时间的把握：

超时□　　　准时□　　　延时□

做得不好的内容：

做得好的内容：

困难所在：

需要改进内容：

对本组的整体评价：

满意□　　　较满意□　　　一般□　　　仍需努力□

第四节　引导文教学法的应用思考

引导文教学法所创设的课堂完全以学生为中心，师生角色发生转变。学生借助引导文有步骤地开展学习，能够自定步调，控制自己的学习过程。课堂能唤起学生热情，让学生在小组合作学习中取长补短，锻炼独立学习、团队协作以及自我认知等能力。但要想在课堂教学中达到上述教学效果，教师还需要注意以下三点。

一　学习过程对接工作过程

教师应该明确并非所有的教学内容都适用引导文教学法。如果教师盲目使用，将生涩难懂的理论知识留给学生自行探究，那么不仅难以实现教学目标，而且会打击学生的学习积极性。因此，教师在教学准备阶段应该挑选合适的教学内容，根据教学目标，结合自身的职业工作经历，选择合适的学习任务。具体来说，教师可以选择实务类课程中的内容让学生有效地开展活动。教师应保证在校的学习任务对接在岗的工作任务，让学生不仅在做中学，而且可以通过接触职业情境让学生感知职业并增进对职业工作的了解。

二 尊重个性，科学分组

每一个学生都是一个独立的个体，教师应该尊重学生的个性与差异。教师在分组前应熟悉每一个学生，了解学生的个性差异、认知差异、优缺点、动手能力等，做到科学分组，保证组间同质、组内异质。组间同质，即保证每个小组的能力保持在同等水平，避免组间能力悬殊，营造公正和谐的竞争氛围，避免由于不公带来课堂冲突。组内异质，即尊重学生的个性差异，将不同的学生组合在一起，让他们相互交流、集思广益、优势互补，合力完成任务。在小组合作中，学生不仅能发挥所长、收获自信，还能在合作中看到组员的闪光点，从而相互学习，促进个性化发展和个人提升。

三 参照职业标准，形成多方多元评价体系

应用引导文教学法，教师可以创设与企业真实工作情境类似的职业情境，使学生的学习任务对接在岗的工作任务。学生通过独立制订计划、独立实施计划、独立检查和评价计划，完成"咨询—计划—决策—实施—检查—评价"这一完整的行为模型。其间所完成的任务成果采用学生自评、小组互评、教师总评的方式进行多方评价，不仅能够体现以学生为主体，而且能够让学生更加客观地了解任务实施情况。此外，教师在设计评价表的过程中可以参照企业的相关评价指标，力求让学生完成的任务符合职业标准，从而有利于学生严格规范自身行为、贴合企业要求。

教师创设近乎真实的在岗工作场景，让学生在课堂感知工作任务，通过设计引导文，引导学生一步步完成任务。运用引导文教学法不但可以唤起学生学习热情，让学生在完成学习任务的行动中习得专业知识和技能，而且能让学生在学习过程中提高信息处理、团队协作、问题解决等能力。实践证明，以行动导向为原则、以学生为中心的引导文教学法有助于高效完成课堂教学，达成秘书学专业人才培养的目标。

第十五章
教学方法九：项目教学法

第一节　方法介绍

项目教学法（Project Based Learning，PBL），也称为"基于项目活动的研究性学习"，[①]"是师生通过共同实施一个完整的项目工作而进行的教学活动"。[②]"它将传统的学科体系中的知识内容转化为若干个'教学项目'，教师围绕着项目组织和开展教学"，[③]"学生在教师的指导下以小组合作的形式，自行组织完成项目；学习过程成为一个人人参与的创造实践活动，注重的不是最终结果，而是完成项目的过程"。[④]

"项目教学是一种以职业生涯发展为导向，以学生为主体，以教师为引导，以岗位群工作流程为线索，以典型项目为依托，以产品/服务为载体，以职业素质为目标，以职业技能鉴定为评价标准的教学策略和教学模式。"[⑤]让学生做中学、做中悟、做中想。

项目教学法以学生的自主性、探索性学习为基础，教师将需要完成的课

---

①　贺平：《项目教学法的实践探索》，《中国职业技术教育》2006 年第 22 期，第 43 页。

②　谈洁、徐朔：《项目教学法在数控加工技术课程中的应用》，《武汉职业技术学院学报》2008 年第 2 期，第 68 页。

③　冯志刚：《项目教学法在专业教学中的应用》，《江苏技术师范学院学报》（职教通讯）2008 年第 2 期，第 75 页。

④　吴言：《项目教学法》，《职业技术教育》2003 年第 7 期，第 12 页。

⑤　杨文明等编著《高职项目教学理论与行动研究》，科学出版社，2008，第 94 页。

题以项目的形式交给学生，在教师指导下，学生以小组合作的方式，根据项目特点共同制订行动计划，分工完成全部项目。在项目教学中，学习过程变成一项人人可以参加的创新的实践性活动，教学评价所关注的也并不仅是项目最终结果，而是项目实施的整个过程。学生在项目实践过程中，理解和把握项目要求的知识和技能，体验创新的艰辛与乐趣，培养分析问题和解决问题的能力以及团队精神与合作能力。

项目教学法有以下三个教学特点。首先，有效地解决了理论知识与实践相结合的问题。目前，教学还是以课堂教学作为传授知识的主要方式，以传授专业书籍中理性的、系统的理论知识为主，这种教学方式培养出来的学生往往到企业中实习或工作时要经历相当长的磨合期，浪费了企业的人力和物力，因此这种传统的、填鸭式的教学方式已经没办法适应现今企业发展对人才的实际需求。而项目教学能使学生真正走向社会与企业，使他们能够把自己所学的理论知识与接触的实际情况进行对照、印证、比较，把抽象的理论知识转化为实际工作的方法、处理具体问题的思路。其次，增强了学生学习的主动性和创新能力。项目教学法是以"学习任务"为载体来引导学生自主学习和探索的，这样容易产生创造性火花，使学生能够针对企业的实际情况提出富有创意的解决方案，极大地培养了学生创造性思维。最后，培养了学生的团队合作精神，项目教学法强调以小组为单位进行、实施。

项目教学法分为以下几个步骤。

一　项目准备阶段

这个阶段是教师和学生共同参与。一是教师的课前项目准备。首先，教师采取灵活的方式设置情景导入，激发学生的学习动机与兴趣。其次，"主要是根据教学所要达到的目标、学生的知识与能力水平，结合文秘实际工作和学校的教育资源，开发、设计适合学生完成的教学项目"[1]。教师帮助学

---

[1]　于英、罗向荣：《项目教学法的研究与实践》，《科技信息》（科学教研）2007 年第 12 期，第 119 页。

生明确任务，并且根据学生的特长与能力，对学生进行整合分组，实现有效的分工与合作。最后，搜集相关知识、信息和资料，分析可能出现的问题，提出一些指导建议供学生讨论研究。

二是学生的课前准备。学生应根据教师的安排认真阅读项目要求，以小组为单位，进一步细化内部分工，查阅相关参考资料，对项目内容进行思考分析，初步制订项目实施方案，并为课堂讨论做好准备。

二　项目实施阶段

学生确定小组内的分工及小组成员间合作形式后，按照已定的项目计划开始正式实施项目作业，具体内容包括：选择适当的途径和方法收集资料；根据计划进行社会实践，联系公司实习或开展社会调查等；对资料进行节选、归类，通过综合分析比较得出结论并根据资料分析的结果撰写项目任务报告；以适当的形式展示报告或产品。

在这一阶段，教师不能把知识传授作为其唯一的任务，而是要为学生营造学习氛围、组织和引导教学过程。教师在适当的时候也向学生传授相关知识，但更多的时候，他是学生项目实施过程中的引导者，当学生在完成任务的过程中碰到困难时，能给予具体的帮助。在这种情况下，教师更多的是学生学习的组织者与引导者。

三　项目总结与评价阶段

项目的总结与评价阶段即反思阶段，这是项目教学中一个不可或缺的环节，项目成果的总结与评价是一种实证性的回顾，是对整个项目运作过程的一种客观性反思。

项目完成后，要及时采取集体座谈、答辩等形式让学生自我总结项目任务的完成情况，其中包括项目的目标是否达到、项目是否按照计划的时间完成、项目成果是否符合计划书中的规定、项目成果的质量是否达到预期要求等。同时，项目小组成员之间也要根据相互了解的情况对每个成员进行评价，包括小组成员是否按计划完成自己的工作、协作是否积极有效、工作质量如何等。学生对自己的工作结果进行自我评估，然后小组内互评，再由教师进行检查评分。

在此基础上，教师应根据项目的形式设计评估标准，客观公正地评价学生的学习成果。"学生在完成项目的过程中可能会存在各种各样的问题，教师在评估中要指出问题的所在及解决方法，要总结比较各学习小组的特点，引导他们学习别人的长处，使学生的各种能力在评估中得到提高。"[①] 在评价过程中，教师要尊重学生的劳动成果，不应直接以分数判高低。项目实施成功与否应看整个过程的进行情况，而不仅仅看结果。教师既要关注学生已达到的程度与水平，更要关注学生职业行为和职业能力的形成与变化。

第二节　教学内容适配性分析

在职业教育中，项目是指以生产一件具体的、具有实际应用价值的产品、服务或政策为目的任务。项目内涵的约束条件有限定时间、限定资源、明确的项目方向和终点。举一些项目的实例：安排一场演出活动、开发和介绍一种新产品、实施列车车门的维保作业等。这些都表明了项目侧重于过程，是一个动态的概念。[②] 所以选取项目要以教学的内容为依据，以现实的对象为材料，项目既要包含基本的教学知识点，又要能调动学生解决问题的积极性。教师和学生共同参与项目的选取，教师要注意启发学生去主动发现身边的素材，选择难度适合的项目，它应该满足下面的条件。

（1）项目要能将某一教学课题的理论知识和实际技能结合在一起。

（2）充分给予学生独立计划和工作的机会。学生在一定的时间范围内可以自行组织、安排自己的学习行为，同时自主克服、处理出现的困难和问题。

---

① 陈希球、魏绍峰：《引入项目教学法　改进高职人才培养模式》，《长江工程职业技术学院学报》2006 年第 3 期，第 10 页。

② 孟源：《基于三教改革对项目教学法探索》，《太原城市职业技术学院学报》2021 年第 12 期，第 132 页。

在项目教学过程中，要充分发挥学生的主动性和创新精神，让学生根据自身行为的信息来实现自我反馈。同时，不能忽略教师的指导作用，教师是项目教学的帮助者、促进者，负责整个教学的设计和组织，直接参与学生的讨论。

（3）项目要具有一定的难度，才能调动学生合作学习的动力，不仅要涉及已有知识、技能的应用，而且还要求学生能够运用新学习的知识、技能解决过去从未遇到过的实际问题。教师要积极为学生小组讨论交流创设合适的情境和氛围，让学生可以相互督促、相互学习、协商解决项目中遇到的困难，培养学生的合作意识和共享意识，使学生群体的思维与智慧为每个学生所共享，从而达到全体学生共同完成项目的目标。

（4）学习结束时，师生共同评价项目工作成果和工作学习方法。

第三节　教学设计与案例分析

为了加强对项目教学法的理解与应用，选取秘书学中比较有代表性的两个知识点作为教学内容，采取项目教学法对此进行教学设计与案例分析。

一　教学设计一：办公室实务之企业会议安排

1. 教学内容：办公室实务之企业会议安排

2. 项目名称：某企业××会议安排

3. 教学目标

（1）知识目标：通过具体会务工作的策划筹备，让学生掌握会议安排的程序和方法。

（2）技能目标：通过自主实践，培养实际动手能力和解决问题的能力；通过项目教学，培养学生的创新思维、增强学生的实践能力；通过会议筹备实践，提高学生的会议策划能力和组织领导能力。

（3）情感目标：通过项目教学培养学生团队协作精神，促进学生相互交流与学习；养成良好的自主学习习惯和认真工作的态度，培养他们的工匠精神。

4. 学生实践中的关键技能：项目策划能力、沟通表达能力、团结协作能力

5. 教学方法：项目教学法

6. 学时安排：7学时

7. 教学过程

（1）环节一：项目准备

教师活动	学生活动
（1）教师要提前为学生设置项目情境：在这项训练中，假设学生是某单位的秘书或者这个单位的办公室秘书，该单位将组织一次会议活动，要求秘书根据会议活动通知的有关内容，为这次会议活动策划筹备安排。 （2）教师要告知学生工作任务的背景资料：这次公司召开会议的时间、地点、议题、参会人员及会议的大致安排等情况简介。	咨询： （1）学生提前熟知关于安排会议的相关理论知识，包括会议的流程、会议筹备注意事项、会议预案的基本格式等； （2）学生要深入分析和理解教师提出的项目情境和项目的背景资料。

（2）环节二：项目分析

教师活动	学生活动
（1）教师要明确工作任务及要求：用一份介绍工作任务及成果的文本展示所完成的全部工作情况。 文本内容： 第一，工作任务，要用最简洁的文字清楚表述所完成的工作任务，其基本格式应为："（会议单位名称）会议活动预案"，括号里的为说明性文字。 第二，工作要求，根据掌握的会议活动主题内容等有关情况，描述会议活动的具体细节安排情况，要具体说明会议时间、地点，单位名称，会议主题，有关人员的姓名、职务等，尤其要着重说明如何策划安排会议活动，涉及的实务的解决方法等。 （2）教师按照学生的特长与项目需要来组建项目小组，小组成员之间应注意相容性和互补性，以确保集思广益（建议将学生分成2~3人一组，小组人数过多容易出现分工过于分散，项目难以推进的情况）。	（1）计划：在教师的带领下，学生尽快确认小组，并选出小组长；根据项目情境和项目工作任务及要求，学生按小组进行讨论，制订项目计划草案，并交给教师判断项目计划的正确性、可行性等。 （2）决策：在项目计划之下，各小组确认好任务分工，制订好详细的工作步骤和程序。

（3）环节三：项目实施

教师活动	学生活动
(1)项目实施中,教师要巡回、了解、检查、督促、指导学生操作项目进程。 (2)项目实施中,教师要把握教学动态,掌握全局,帮助后进生解决困难,充分发挥指导作用。 (3)项目实施中,教师要学会组织阶段性的总结交流会,防止学生项目中途进入知识误区。	(1)各小组成员自主学习各项任务,并开始运用所学的知识结合现实情况进行工作。 (2)学生在工作过程中,要学会边工作边进行反思总结,积极进行阶段性总结交流。

（4）环节四：项目汇报

教师活动	学生活动
在项目总结阶段,教师要主持、导向、鼓励。 (1)教师要组织学生进行阶段性总结,教师需要为在场同学们解答疑惑,推进项目进程。 (2)在最后成果汇报阶段,教师要及时对学生的汇报总结做出反馈,提出表扬或批评。 (3)教师要针对汇报成果进行提问,让学生在成果中巩固知识。	(1)阶段性总结:在项目过程中,小组要进行阶段性小结、交流,小组成员在组内讲解、讨论、交流项目,并推选代表在班上交流,培养团队精神与合作能力。 (2)最终结果汇报:学生演示最后的项目作品、阐述知识、叙述过程(每人 10~15 分钟);其他学生针对项目作品,提问质疑,拓展思路,发展创作能力;主讲学生要负责解答问题,交流研讨。

（5）环节五：项目评价

对各小组项目过程的评价			
序号	评价方面	评分细则	得分
1	项目准备 (30分)	咨询:是否对相关理论知识和项目情境主题深入了解(10分)	
		计划:项目计划草案是否合理(10分)	
		决策:小组分工是否明确(10分)	

对各小组项目过程的评价			
序号	评价方面	评分细则	得分
2	项目实施 （40分）	工作任务和工作情景的设定是否符合项目主题（5分）	
		会议时间和地点是否考虑到环境、交通等因素（5分）	
		会议议题和日程安排是否合理，日程安排表有无及时发给全体与会人员（5分）	
		会议前的准备工作是否充分（包括环境条件与必需用品、文件资料、会场布置与会议安保等）（5分）	
		后勤服务是否符合与会人员要求（5分）	
		经费是否控制在预算范围内（5分）	
		实施过程中，学生是否体现和提高自己的社会能力，如沟通交流能力、问题解决能力、组织领导能力等（10分）	
3	项目总结 （30分）	项目是否有进行阶段性反思与总结（5分）	
		项目成果——会议预案是否全面且可行（10分）	
		汇报总结是否思路清晰、表达流畅（10分）	
		面对教师提问，答案是否正确有逻辑（5分）	
总分（100分）			

对小组项目实施过程中团队合作的评价		
序号	评价项目	评价结果
1	小组长能够起好带头作用，能有效进行分工合作	□非常符合　□比较符合　□一般 □不符合　　□非常不符合
2	该组积极对待每一次阶段性总结交流	□非常符合　□比较符合　□一般 □不符合　　□非常不符合
3	该组中有至少1位同学一直在拖延整个组的进程	□非常符合　□比较符合　□一般 □不符合　　□非常不符合
4	项目实施过程中，该组都积极解决问题和寻求帮助，并且互帮互助	□非常符合　□比较符合　□一般 □不符合　　□非常不符合
5	项目实施过程中，团队出现了不和谐的因素，甚至出现了吵架现象，凝聚力不高	□非常符合　□比较符合　□一般 □不符合　　□非常不符合

（6）综合性作业

> 某科技公司计划在秋季推出一款新的电子产品，需要召开一场技术部门大会，作为总裁秘书的小林需要为此次会议写一份会议预案。如果你是小林，请为此次会议写一份会议预案。

二 教学设计二：调查研究之实施市场调查

1. **教学内容**：调查研究之实施市场调查

2. **项目名称**：关于某企业××的市场调查

3. **教学目标**

（1）知识目标：了解调查研究的概念、作用和分类等；理解和掌握市场调查、预测的相关理论知识。

（2）技能目标：通过自主调查实践，培养实际动手能力和解决问题的能力；通过项目教学，培养学生的创新思维和增强学生的调查设计与实践能力；学会制订调查计划、设计调查问卷、选择调查对象、实施调查、分析处理调查数据和编写调查报告等技能。

（3）情感目标：通过项目教学培养学生团队协作精神，促进学生相互交流与学习；养成良好的自主学习习惯和认真工作的态度，培养他们的工匠精神；在项目实施过程中激发学生对秘书工作的兴趣和自信。

4. **学生实践中的关键技能**：调查方案设计能力，调查资料收集、整理与分析能力，调查报告撰写能力和创造性运用资料能力

5. **教学方法**：项目教学法

6. **学时安排**：7学时

7. **教学过程**

（1）环节一：项目准备

教师活动	学生活动
(1)教师在开始项目教学之前,须教授学生调查研究的概念、作用和分类等,筑牢学生的理论基础。 (2)教师要提前为学生设置项目情境:在这项训练中,假设学生是某单位的秘书或者这个单位的办公室秘书,该单位将组织一次市场调查活动,要求秘书根据市场调查活动通知的有关内容,安排好这次市场调查活动。	咨询: (1)学生提前熟知关于市场调查的相关理论知识,包括如何制订调查计划、设计调查问卷、选择调查对象、实施调查、分析处理调查数据和编写调查报告等。 (2)学生要深入分析和理解教师提出的项目情境和项目的背景资料。学生根据背景资料深入查阅相关内容。

（2）环节二：项目分析

教师活动	学生活动
（1）教师要明确工作任务及要求：用一份介绍工作任务及成果的文本展示所完成的全部工作情况。 （2）教师按照学生的特长与项目需要来组建项目小组，小组成员之间应注意相容性和互补性，以确保集思广益（建议将学生分成2~3人一组，小组人数过多容易出现分工过于分散，项目难以推进的情况）。	（1）计划：在教师的带领下，学生尽快确认小组，并选出小组长；根据项目情境和项目工作任务及要求，学生按小组进行讨论，制订项目计划草案，并交给教师判断项目计划的正确性、可行性等。 （2）决策：在项目计划之下，各小组确认好任务分工，制订好详细的工作步骤和程序。

（3）环节三：项目实施

教师活动	学生活动
（1）项目实施中，教师要巡回、了解、检查、督促、指导学生操作，推动项目进程。 （2）项目实施过程中，教师要把握教学动态，掌握全局，帮助后进生解决困难，充分发挥指导作用。 （3）项目实施过程中，教师要学会组织阶段性的总结交流会，防止学生项目中途进入知识误区。	（1）各小组成员自主学习各项任务，并开始运用所学的知识结合现实情况进行工作。 （2）学生在工作过程中，要学会边工作边进行反思总结，积极进行阶段性总结交流。

（4）环节四：项目汇报

教师活动	学生活动
在项目总结阶段，教师要主持、导向、鼓励。 （1）教师要组织学生进行阶段性总结，教师需要为在场同学们解答疑惑，推进项目进程。 （2）在最后成果汇报阶段，教师要及时对学生的汇报总结做出反馈，提出表扬或批评。 （3）教师要针对汇报成果进行提问，让学生在成果中巩固知识，享受成功。	（1）阶段性总结：在项目过程中，小组要进行阶段性小结、交流，小组成员在组内讲解、讨论、交流项目，并推选代表在班上交流，培养团队精神与合作能力。 （2）最终结果汇报：学生演示最后的项目作品、阐述知识、叙述过程（每人10~15分钟）；其他学生针对项目作品，提问质疑，拓展思路，发展创作能力；主讲学生解答问题，交流研讨。 （3）最后学生需要提交的成果主要有两个：一个是市场调查方案，另一个是市场调查报告。

（5）环节五：项目评价

对各小组项目过程的评价			
序号	评价方面	评分细则	得分
1	项目准备 （30分）	咨询:是否对相关理论知识和项目情境主题深入了解（10分）	
		计划:项目计划草案是否合理（10分）	
		决策:小组分工是否明确（10分）	
2	项目实施 （45分）	调查的目的和任务是否符合项目主题（5分）	
		调查对象是否符合市场调查的要求（5分）	
		调查方法是否适合市场调查,调查问卷是否能得到全面且真实的数据（5分）	
		调查内容是否全部包括市场调查的需求（5分）	
		调查时间期限和进度安排是否合理（5分）	
		调查的组织计划是否完备且合适(包括调查组负责人及成员的选择、调查员的选择与培训、各项调查工作的分工等)(5分)	
		经费是否控制在预算范围内（5分）	
		市场调查过程中是否有认真地收集、汇总和研究调查资料（5分）	
		实施过程中,学生是否体现和提高自己的社会能力,如沟通交流能力、问题解决能力、组织领导能力等（5分）	
3	项目总结 （25分）	项目是否有进行阶段性反思与总结（5分）	
		项目成果——市场调查方案是否可行,以及市场调查报告是否全面且基于调查数据分析（10分）	
		汇报总结是否思路清晰、表达流畅（5分）	
		面对教师提问,答案是否正确有逻辑（5分）	
总分(100分)			
对小组项目实施过程中团队合作的评价			
序号	评价项目	评价结果	
1	小组长能够起好带头作用,能有效进行分工合作	□非常符合　□比较符合　□一般 □不符合　□非常不符合	
2	该组积极对待每一次阶段性总结交流	□非常符合　□比较符合　□一般 □不符合　□非常不符合	

续表

对小组项目实施过程中团队合作的评价		
序号	评价项目	评价结果
3	该组中有至少 1 位同学一直在拖延整个组的进程	□非常符合 □比较符合 □一般 □不符合 □非常不符合
4	项目实施过程中,该组都积极解决问题和寻求帮助,并且互帮互助	□非常符合 □比较符合 □一般 □不符合 □非常不符合
5	项目实施过程中,团队出现了不和谐的因素,甚至出现了吵架现象,凝聚力不高	□非常符合 □比较符合 □一般 □不符合 □非常不符合

（6）综合性作业

> 某公司开发了一种节能环保型空调。从节约能源和环保的角度看，这种空调很具有优势，但是产品应用的可行性和市场前景如何，还须根据有效的市场信息进行综合分析和科学的预测，才能作出正确的判断与决策。公司立即安排杨秘书负责对拟拓展的市场和拟开发的产品进行调查，并提交一份市场调查方案。请你为杨秘书写一份市场调查方案。

第四节　项目教学法的应用思考

一　项目教学法教学设计的原则

实施项目教学法，项目的选择是成功的关键。项目的选择除了要符合教学大纲的要求，也要对接社会实际，确保理论学习和实践的紧密关联性，让学生可以在整个过程中掌握理论、熟悉技能，并灵活运用理论和技能，最终有效解决问题，全面提升学生的综合能力。例如，在各项秘书工作中，传统的办文、办会工作历来无可争议地占据项目选题的首要地位，但随着形势发展而新增的"参与法律事务""新闻宣传"等秘书工作也应加以重视。在设置项目内容时，教师要注意难度和可操作性，必须深入浅出、循序渐进、富有挑战性和趣味性，从而使学生的学习成为一个不断挑战和不断成功的过程，最大限度地激发学生的学习自信心和积极性。项目教学法教学设计要遵循以下几个原则。

1. 以学生为主体、中心，以教师为主导、协助

一切以学生为中心，教师只是指导员、协调员、观察员、主持人。

2. 项目选择要适当

以培养目标为依据，按教学内容的需求，结合学校的实际情况，选取现实的对象、材料作为项目。项目既要包含基本的教学知识点，又要能调动学生解决问题的积极性。项目的选取最好由教师和学生共同参与，教师要注意启发学生去主动发现身边的素材，选择难度适合的项目。

3. 创设协作学习的环境和学习的资源

项目完成过程中要让学生有多种机会在不同的情境下应用所学的知识，充分运用现代教育技术的手段给学生提供多种学习资源；要积极创设学生小组讨论交流的情境，让学生在群体中共同批判各种观点和假设，协商解决各种难题，使学生群体的思维与智慧为每个学生所共享，从而达到全体学生共同完成学习任务的目标。

4. 以项目进行过程与完成情况评价学生

教学是围绕完成项目设计展开的，所以评价学生学习效果应以完成项目的情况来评定，强调过程评价、综合评价，而不是围绕常规的教学目标进行。

二　项目教学法中教师的作用

在项目教学法的具体实践中，"教师的作用不再是一部百科全书或一个供学生利用的资料库，而应是一名向导和顾问"，[①] 引导学生自己一步步思索、探究、实践，采用自我教育的方式获取知识。然而，坚持"以学生为中心"，强调学生认知的主体性，并不代表削弱教师的主导作用。教师不仅

---

① 张仁芳：《略论项目教学法》，《科学大众》2008 年第 11 期，第 49 页。

要在项目开始之前做好备课工作以应对学生的各种未知问题，还要在项目教学过程中组织和管理好学生，项目结束后对项目进行反馈与评价。这就需要教师具有扎实的学科基础知识及信息加工能力，以及具备规划、管理和评价项目等方面的能力。在项目教学过程中，教师与学生并不是没有联系的两个主体，两者之间的作用是相互的，不是孤立的。另外，"在教学过程中，不能忽视基础差、依赖心理强的学生，要让他们在项目进行过程中有事可做，要求每个学生都有自己能力范围之内的参与成果"。[①] 因此，在分组环节，要重视分组原则、组员的数量、搭配及分工。在使用项目教学法时，教师需要注意以下几点。

第一，结合课程知识、学生兴趣与社会亟须解决的问题。

第二，以学生的需求和兴趣为出发点，发展学生的自主学习素养，发挥学生的创造思维。

第三，让学生主动收集信息、筛选信息、提出问题，教他们如何研究、如何获得一些必要的解决问题的技能。

第四，教师一般不给学生结论性的东西，而是要求学生充分利用手中的资源自主学习。

第五，教会学生如何管理自己的时间。

第六，在遇到问题时，鼓励学生努力寻找解决问题的办法，为自己的项目研究提出下一步的决策。

第七，鼓励和支持团队合作。

三　项目教学法应用的场合和注意事项

（1）重视项目的完成，但不能忽略基础知识的掌握，要让学生建构一个系统的、全面的知识框架。

（2）强调学生学习的主体性和教师的引导性。在教学过程中，要充分发挥学生的主动性和创新精神，让学生根据自身行为的信息来实现自我反

---

① 陈国清：《项目教学法的具体应用》，《齐齐哈尔工程学院学报》2006 年第 2 期，第 19~21 页。

馈。同时，不能忽略教师的指导作用，教师是帮助者、促进者，负责整个教学的设计和组织，直接参与学生的讨论。

（3）学生自主学习、践行、操作过程要循序渐进，遵循六步回路的辩证认识过程。

第一步：学生制订的项目实施计划，包括任务内容、分阶段完成内容与完成时间、小组成员分工协作安排（认识）。

第二步：学生自主独立学习、践行、操作内容，培养学习能力、方法能力与独立解决问题的能力，提高自律能力（实践）。

第三步：学生个人总结，小组沟通交流，培养合作能力，提高个人素质（再认识）。

第四步：吸纳小组成员项目构思的长处与成功处，再学习、践行、操作，修改各人项目任务完成的内容，培养品德修养（再实践）。

第五步：学生演示作品，报告项目完成的思路与行动、成果与价值，提高自信；班级与小组集体研讨，有利于发散思维与集思广益，培养团队精神与创造能力，提高水平与项目质量（认识）。

第六步：采取多种形式、多种方式进行评价，学生写一篇在整个项目教学行动中的收获与提高、体会与经验的总结，以及一篇业务项目报告（再认识）。

从计划到总结，构成一个"认识实践、再认识再实践"的螺旋上升回路，是一条辩证实践路线。学生在自主学习、自主践行、自主操作过程中学会做事，提高学习能力；学会方法，提高学习能力；在协作、交往、研讨、评价过程中体验如何做人，提高社会能力与素质。

（4）学生分组是一个重要的环节，注重培养学生的团队合作精神，防止出现依赖思想，同时防止学生的两极分化。

参考文献

［1］ 教育部、财政部组编，傅世放主编，刘利执行主编《文秘专业教学法》，高等教育出版社，2012。

［2］ 教育部、财政部组编，傅世放主编，黄良友执行主编《现代文秘办公技术》，高等教育出版社，2012。

［3］ 教育部、财政部组编，傅世放主编，吴晓蓉、李光执行主编《秘书职业要义与职场要务》，高等教育出版社，2012。

［4］ 傅文第：《对建立学生心理档案若干问题的认识》，《职教通讯》2001年第12期。

［5］ 〔苏〕B. A. 苏霍姆林斯基：《给教师的建议》，杜殿坤编译，教育科学出版社，2005。

［6］ 〔美〕霍华德·加德纳：《智力的重构》，霍力岩、房阳洋等译，中国轻工业出版社，2004。

［7］ 姜大源主编《当代德国职业教育主流教学思想研究：理论实践与创新》，清华大学出版社，2007。

［8］ 袁振国主编《教育原理》，华东师大出版社，2001。

［9］ 陈斌主编《新课程教学研究》，杭州出版社，2005。

［10］ 瞿葆奎主编《中国教育研究新进展·2004》，华东师大出版社，2006。

［11］ 冯旭敏、温平则：《教育实训基地建设基本模式的构建》，《机械职业教育》2005年第2期。

［12］ 曹仲平：《大力加强实训基地建设　培养高技能职业人才》，《新教育》（海南）2005年第4期。

［13］ 李兵：《职业学校实训基地建设、功能及效益探索》，《辽宁教育行政学院学报》

2006 年第 8 期。

[14] 张进：《粤、新、港三地职业教育实训基地建设比较研究》，《世界职业技术教育》2004 年第 3 期。

[15] 周连起、张舒亚：《走产学研结合的道路　搞好实训基地建设与运行管理》，《天津职业院校联合学报》2006 年第 3 期。

[16] 劳动和社会保障部、中国就业培训技术指导中心组织编写《秘书国家职业资格培训教程》，海潮出版社，2003。

[17] 张民杰：《案例教学法——理论与实务》，九州出版社，2006。

[18] 王茜：《"案例教学法"在高职秘书学教学中的应用》，《职教通讯》2002 年第 4 期。

[19] 〔英〕艾森克、〔英〕基恩：《认知心理学》（第五版），高定国、何凌南等译，华东师范大学出版社，2009。

[20] 林华民：《做一流的教学能手：特级教师林华民的 108 个教学主张》，朝华出版社，2010。

[21] 谭一平编著《秘书工作案例分析与实训》，中国人民大学出版社，2007。

[22] 韩延明主编《新编教育学》，人民教育出版社，2006。

[23] 张金涛主编《秘书实训指导》，中国建材工业出版社，2006。

[24] 于凡：《WTO 时代秘书实用手册》，中国工人出版社，2002。

[25] 李成良、顾美玲编著《大学教学理论与方法》，贵州教育出版社，1995。

[26] 张颖华：《浅谈〈秘书学〉的教学方法》，《长沙大学学报》2006 年第 6 期。

[27] 杨靖：《实训教学在秘书专业教学中的应用》，《苏州市职业大学学报》2002 年第 4 期。

[28] 申海棠：《浅谈中等职业学校〈秘书学〉教学的策略》，《职业教育研究》2005 年第 10 期。

[29] 张大均主编《教育心理学》，人民教育出版社，2004。

[30] 钟启泉：《"教师专业发展"的误区及其研究》，《教育发展研究》2003 年第 4 期。

[31] 何克抗：《构建主义——革新传统教学的理论基础（下）》，《电花教育研究》1998 年第 1 期。

[32] 张建伟、陈琦：《从认知主义到构建主义》，《北京师范大学学报》（社会科学出版社）1996 年第 4 期。

[33] 皮连生：《智育心理学》，人民教育出版社，1996。

[34] 杨米沙：《金融营销"项目教学法"实践与探讨》，《高教探索》2004 年第 4 期。

［35］谢安邦主编《高等教育学》，高等教育出版社，1999。

［36］郑金洲编著《案例教学指南》，华东师范大学出版社，2000。

［37］葛明荣：《案例教学模式在教师教育中的功能探析》，《教育探索》2005年第8期。

［38］蔡敏：《"角色扮演式教学"的原理与评价》，《教育科学》2004年第6期。

［39］陈光谊：《高职文秘专业课堂教学模式分类浅析》，《科海故事博览·科教创新》2009年第1期。

［40］庞明秀：《文秘专业课程"基于工作过程"教学模式的探索》，《教育与职业》2009年第14期。

［41］余文森、洪明等编著《课程与教学论》，福建教育出版社，2007。

［42］卢家楣：《情感教学心理学》，上海教育出版社，2000。

［43］〔美〕马克·麦克内利《经理人的六项战略修炼：孙子兵法与竞争的学问》，宋克勤译，学苑出版社，2003。

［44］杨忠慧、杨擒龙主编《秘书基础》，中国财政经济出版社，2013。

［45］洪俊、宿久俊：《"知信行和谐发展"教学模式初探》，《思想政治课教学》1995年第1期。

［46］高翠红、施孝忠：《论教师对突发事件的处理艺术》，《教学与管理》2001年第20期。

［47］扈中平主编《现代教育理论》，高等教育出版社，2000。

［48］李秉德主编《教学论》，人民教育出版社，1994。

［49］〔日〕左藤正夫：《教学论原理》，钟启泉译，人民教育出版社，1996。

［50］赵志友：《新时期中职学生的思想特点》，《机械职业教育》2007年第8期。

［51］高海生主编《秘书基础》，高等教育出版社，2002。

［52］〔德〕赫尔巴特：《普通教育学、教育学讲授纲要》，李其龙译，浙江教育出版社，2002。

［53］〔日〕筑波大学教育学研究会编《现代教育学基础》，钟启泉译，上海教育出版社，1986。

［54］钟海青：《论教学语言艺术的特征》，《广西师范大学学报》（哲学社会科学版）1996年第2期。

［55］赵连城：《简论教学语言的使用艺术》，《北京师范大学学报》1989年第2期。

［56］段爱华：《讨论式教学四忌》，《江西教育科研》2002年第11期。

图书在版编目（CIP）数据

秘书学专业教学法 / 魏娜著 . --北京：社会科学
文献出版社，2023.6
（职教师资本科秘书学专业丛书 / 王雯主编）
ISBN 978-7-5228-1671-5

Ⅰ.①秘… Ⅱ.①魏… Ⅲ.①秘书学-教学法-高等
职业教育-教材 Ⅳ.①C931.46-42

中国国家版本馆 CIP 数据核字（2023）第 060663 号

职教师资本科秘书学专业丛书
秘书学专业教学法

著　　者／魏　娜

出 版 人／王利民
责任编辑／侯曦轩　陈　颖
责任印制／王京美

出　　版／社会科学文献出版社·皮书出版分社（010）59367127
　　　　　地址：北京市北三环中路甲 29 号院华龙大厦　邮编：100029
　　　　　网址：www.ssap.com.cn
发　　行／社会科学文献出版社（010）59367028
印　　装／三河市龙林印务有限公司

规　　格／开　本：787mm×1092mm　1/16
　　　　　印　张：15　字　数：227 千字
版　　次／2023 年 6 月第 1 版　2023 年 6 月第 1 次印刷
书　　号／ISBN 978-7-5228-1671-5
定　　价／98.00 元

读者服务电话：4008918866